중요무형문화재 3

의식 · 음식 · 무예

중요무형문화재 3

기획/ 박상국(국립문화재연구소 예능민속연구실장)
글/ 송민선(문화재청 학예연구사)
　김영훈(국립문화재연구소 전문위원)

중요무형문화재 3
의식 · 음식 · 무예

첫판 1쇄 인쇄 1999년 11월 10일
첫판 1쇄 발행 1999년 11월 15일

글 · 사진 문화재연구회
펴낸이 장세우
펴낸곳 (주)대원사
140-190 서울 용산구 후암동 358-17
편집부/전화(02)757-6711
영업부/전화(02)757-6717 팩스775-8043
등록번호 제3-191호
http://www.daewonsa.co.kr

값 6,000원

ⓒ Daewonsa Publishing Co., Ltd.
Printed in Korea(1999)

ISBN 89-369-0949-5-04380
ISBN 89-369-0946-0(세트)

* 잘못된 책은 책방에서 바꿔 드립니다.

중요무형문화재 3

의식 · 음식 · 무예

대원사

발간사

    문화는 우리가 관심을 갖고 돌볼 때 발전·변모한다. 특히 무형의 문화는 관심을 갖고 지켜보지 않으면 순식간에 사라져 버려 그 맥을 찾을 수 없게 된다. 지금 우리의 전통 문화가 그런 형편에 처해 있다. 우리가 산업화의 현란한 속도에 매료되어 있는 사이 전통 문화는 구식이라는 꼬리표와 함께 점점 관심 밖으로 밀려났다.

    명절이나 잔칫날 어김없이 벌어지던 흥겨운 소리판과 풍악, 춤 그리고 집집마다 담그던 술이며 전통 음식, 일일이 손으로 만들어 멋을 낸 모시옷, 부엌살림인 옹기·사기그릇·소반 등 생활의 안과 밖을 빼곡이 채우던 그 향기들이 이제는 거의 사라진 것이다. 너무도 빨리 사라져 버려 젊은 세대들은 그것이 몇 백 년 전의 일인 듯 아득하게 생각한다. 그만큼 전통과 현대 문명이 융화되지 못한 채 점점 멀어지고 있다는 증거이다.

    1962년에 문화재보호법이 제정되었고 1964년부터 보존할 가치가 있는 무형문화재는 중요무형문화재로 지정되어 보호·전승되고 있다. 노래, 춤, 공예 등의 무형문화재는 도제식으로 전승되어 온 탓에 뒤를 이을 제자가 없으면 언제 그 맥이 끊어질지 모르기 때문이다. 따라서 현 기능 보유자가 타계하기 전에 하루라도 빨리 기록으로 남기는 것이 시급한 과제였다.

    이에 발맞춰 국립문화재연구소에서는 1995년부터 중요무형문화재의 본격적인 기록화사업을 수행하였다. 그러나 보고서 양식의 기록으로는 일반인들이 우리 문화재를 올바로 이해하는 데 어려움이 많아 보다 쉽게 접근할 수 있는 책을 만들게 되었다.

여기에 실린 내용은 중요무형문화재에 대한 새로운 조사연구 결과도 있지만 대부분 기존의 성과를 알기 쉽게 정리한 것이다. 103종의 중요무형문화재를 특성에 따라 연극과 놀이, 음악과 무용, 의식·음식·무예, 공예 기술Ⅰ·Ⅱ로 분류한 뒤 각권에서 자세히 다루었다. 각 문화재의 기원과 특성, 현황을 소개하고 현재 중요무형문화재 지정 보유자로 인정받은 전수자들의 현황도 상세히 밝히고 있다. 비교적 쉬운 글과 다양한 사진 자료를 함께 실어 초등학생부터 문화재를 연구하는 대학생까지 폭넓게 읽고 이해할 수 있는 것도 특징이다.

이 책이 중요무형문화재로 지정·보존·전승되고 있는 우리 민족의 문화에 대한 이해와 길잡이 역할을 할 수 있기 바란다.

끝으로 사진과 각종 자료를 지원해 준 문화재청 무형문화재과와 국립문화재연구소 예능민속실 그리고 책의 출판에 선뜻 응해 주신 대원사에 깊이 감사드린다.

1999년 9월

문화재연구회

차 례

의식 · 음식 · 무예의 이해

의식(儀式)의 이해

의식은 의례(儀禮) 또는 제의(祭儀)로도 부를 수 있는데, 신이 설정된 제사나 공사에 있어 일정한 예식을 갖추는 법식의 행사를 뜻한다. 여기에는 종교적인 관념과 신앙 체계가 포함되어 있다. 조상을 모시는 제사, 신에게 기원하는 무속 행위 등은 모두 종교적인 염원에서 출발한 것이기 때문이다.

고대사회의 지배적인 종교는 무(巫)였다. 따라서 인간이 의식을 처음 거행한 것은 무척 오래 전의 일로 추정된다. 중국의 역사책『삼국지(三國志)』「위지동이전(三國志魏志東夷傳)」에는 "매년 봄 · 가을로 온 나라 사람이 모인 가운데 전제를 올리고 며칠씩 밤낮으로 음주가무하였다"는 기록도 남아 있다. 이처럼 불교나 유교 등 종교가 유입되기 전까지 우리나라의 민간 신앙은 무속이 차지하고 있었고, 종교가 들어온 뒤에도 민간의 무속 신앙과 종교가 융화되어 복합적인 형태를 띤 채 그 맥을 유지해 왔다.

무의 종교 의례 행위는 굿이다. 우리 조상들은 그 종교 행위를 신명과 조화, 흥겨움으로 풀어내었다. 사람들은 정기적으로 날을 정해 놓고 굿판을 벌여 사제인 무당의 중재로 조상이나 신령에게 기원을 드렸다. 사람의 힘으로 해결할 수 없는 문제가 생겼을 때도 날을 받아 수시로 굿을 벌였는데, 그 의식은 어느 종교 행위에서도 찾아볼 수 없는 도도한 신명과 화합의 특징을 지니고 있었다.

삼국시대 중엽에 이르러 우리나라는 중국으로부터 유교, 불교, 도교를 도입하면서 왕권 강화를 위해 종교를 정치 이념으로 받아들이게 된다. 따라서 그때까지 온 나라를 지배했던 무는 이들 종교와 대립되는 관계가 되었다. 그러나 이들 종교가 독립적으로 수용된 것이 아니라 사람들의 의식에 깔려 있는 무를 바탕으로 받아들여진 것이기 때문에 포괄적인 의미에서는 종교와 무는 공존 관계를 유지하였다. 이들 종교 현상은 국가의 중요한 의례 가운데 하나로 자리잡으면서 한국 종교 문화의 발전에 기여하게 되었다.

현재 의식 분야에서 중요무형문화재로 지정된 종목은 굿 의식 12종목, 유교 의식 2종목, 불교 의식 1종목이다.

은산 별신제, 강릉 단오제, 양주 소놀이굿, 제주 칠머리당굿, 진도 씻김굿, 풍어제(동해안 별신굿, 서해안 배연신굿 및 대동굿, 위도 띠뱃놀이, 남해안 별신굿), 황해도 평산 소놀음굿, 경기도 도당굿, 서울 새남굿 등의 굿 의식은 가정과 마을의 안녕을 기원하고 풍작·풍어를 비는 마을제의 성격이 강하다. 마을제인 경우 일년이나 2년에 한 번씩 정기적으로 치르는데 지역에 따라 굿의 절차나 시기, 굿 형태 등이 다르다.

종묘 제례, 석전대제 등 유교 의식은 역대 왕과 공자와 선성에 대해 제사하는 의식으로 왕의 종친과 유림들이 행사를 주관한 데서 민간의 굿 의식과 대비된다. 종묘 제례는 역대 국왕과 비를 제사하는 만큼 예법이 엄하고 악무가 있어 장중하게 거행되었다. 석전대제 역시 정숙하고 장중한 분위기에서 악무와 함께 근엄하게 진행된다.

유일한 불교 의식인 영산재는 불교의 영혼천도 의례 중 가장 대표되는 재이다. 49재의 하나인 영산재는 사흘 동안 이어지는 큰 규모의 불교의식이지만 지금은 하루 동안의 영산재 시연회를 통해 그 맥을 유지하고 있다.

음식(飮食)의 이해

인간의 생활 양식 가운데 가장 기본적인 것으로 의(衣), 식(食), 주(主)를 꼽는다. 그 세 가지 기본 요소 가운데 가장 중요한 것은 단연 식생활이다.

우리나라 식생활 문화의 특징은 봄, 여름, 가을, 겨울에 따라 조금씩 다르다는 점이다. 또 산간 지역과 평야 지역, 강가와 해안·도서 지역의 입지적 여건에 따라 많은 차이가 있다. 음식 문화는 남북의 기온 차에 따라 달라질 수도 있으며 빈부와 신분, 시대에 따라 발전 쇠퇴하기도 한다.

그러나 무엇보다도 외국과의 관계 즉 고려시대 몽고와의 관계, 조선시대 왜란과 호란, 근세의 서양 음식물의 유입, 최근에는 중국·일본·서구의 각종 외래식 유입이 우리의 음식 문화에 큰 영향을 미쳤다. 그로 인해 전통 음식은 점점 쇠퇴하면서 국적을 알 수 없는 새로운 음식 문화 유형이 생겨나게 되었다.

음식 분야에서 중요무형문화로 지정된 종목은 조선왕조 궁중 음식과 향토 술 담그기(문배주, 면천 두견주, 경주 교동 법주)의 2종목이다.

궁중 음식은 민가의 음식에 비해 다양하고 호화로우며 진미가 많았다. 왕궁에는 음식을 만드는 안소주방(일명 수랏간)과 새과방이라 부르는 받소주방이 있었다. 안소주방은 평상시 수랏상만 받들고 받소주방에서는 특별한 음식을 담당하였다.

임금과 왕비가 조석으로 드는 수라상은 12첩 반상이고 통과의례인 육순절, 칠순절, 가례 등의 진찬의례는 고배상으로 차렸다. 대궐에서는 국가의 중요한 의식이 자주 거행되고 또 외빈과 내빈과 종친들을 대접하는 일도 있어 다양한 음식이 일정한 법도에 의해 제조되어 진상되었다. 연회의 규모와 계절에 따라 음식받기가 달라졌다.

향토 술 가운데 중요무형문화재로 지정된 것은 문배주, 면천 두견주, 경주 교동 법주 등이다.

술은 흥을 돋우고 서로의 정의를 두텁게 하는 데 있어 꼭 필요한 음료여서 예부터 우리나라에는 다양한 술이 있었고 풍류를 즐기는 애주가의 가정에는 취향에 따라 여러 가지 가양주가 있었다. 문배주는 평양 지방에 전승되다가 한국전쟁 때 기능 전수자가 월남하여 현재 강화에서 기능을 이어 가고 있다. 면천 두견주는 청주와 같은 양조법으로 빚는데 고급 재료인 찹쌀과 누룩, 진달래꽃이 들어간다. 진달래 향과 약효가 들어 있어 두견주라는 이름이 붙었다. 경주 교동 법주는 최씨 종가에 전승되어 오는 가양 미주로, 궁중에서 빚어 마시던 술로 알려져 있다.

무예(武藝)

문헌에 따르면 우리 민족 고유의 무예에는 유술, 씨름(각력), 수박(택견), 궁술, 격검, 축국, 마상재 등이 있었다고 하나 지금은 대부분 잊혀지고 없어진 상태이다. 이 가운데 궁술과 씨름, 택견은 맥을 이어 오면서 오늘날까지 전승되었고 택견은 유일하게 중요무형문화재로 지정되어 있다.

고구려 무용총과 삼실총의 벽화에는 택견하는 동작이 그려져 있어 고대의 호신 무술이자 신체 훈련과 스포츠로 택견이 있어 왔음을 알 수 있다. 조선시대에는 무사와 한량들에 의해서 택견이 전승되었다. 서울에서는 도성 안에 있는 택견패를 윗대패라 불렀고, 도성 밖의 택견패는 아랫대패라 불러 구분하였다. 지금 전승되고 있는 택견은 윗대패인 사직골패와 아랫대패인 왕십리패이다.

택견은 마치 춤추듯이 손을 허휘적 움직이고 발을 많이 움직여 민첩한 동작을 보이는 것이 특징이다. 공격보다는 수비를 중히 여기는 호신 무술이라고 할 수 있다. 수련은 혼자 익히기, 마주 익히기, 견주기로 나누게 된다. 택견을 익히게 되면 명절 때에 모여 서로 견주기도 하여 놀이처럼 즐기는 일도 있었고, 무술로 활용되기도 하였다. 택견은 기술도 중요하지만 정신 수양을 소중히 여기는 무예란 점에서 더 높이 평가된다.

의식

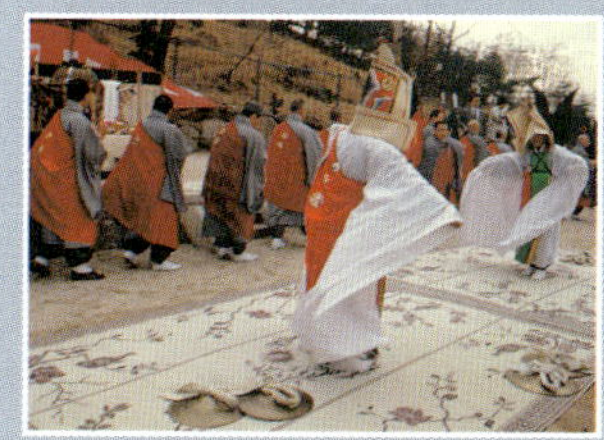

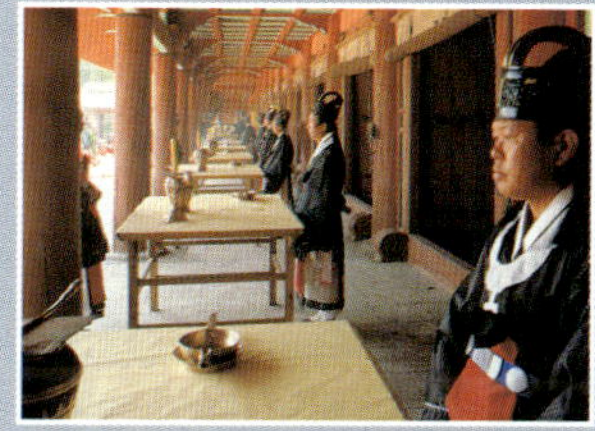

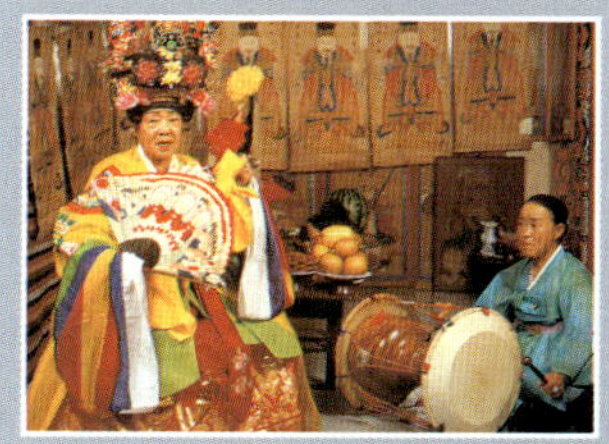

의식은 신이 설정된 제사나 공사에 있어
일정한 예식을 갖추는 법식의 행사를 뜻한다.
무(巫)를 기본으로 한 굿 의식 12종목, 유교 의식 2종목,
불교 의식 1 종목이 중요무형문화재로 지정되어 있다.

은산 별신제 (恩山別神祭)

지정번호 제9호
지정일자 1966년 2월 15일
현보유자 차진용(車鎭龍, 1915년생)
　　　　　박창규(朴昌奎, 1932년생)
　　　　　황남희(黃南姬, 1937년생)

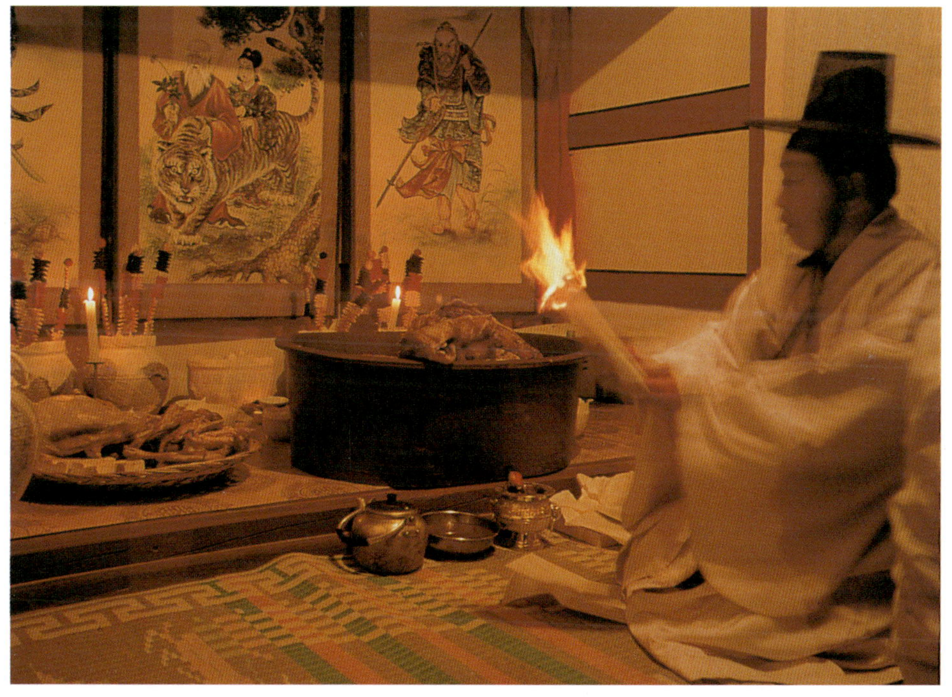

은산 별신제는 억울하게 죽은 넋을 위로하기 위한 의식으로 이른봄에 거행된다.

은산 별신제에 관하여 문헌 기록으로 전하는 것은 없지만 당집의 「중수기(重修記)」가 있어 그 유래를 들려 준다. 현지 노인들은 「중수기」가 오랜 옛날부터 전해 왔다 하고 은산 별신제의 주무(主巫)였던 이어인런(은산 별신제의 전 보유자)은 수백 년 된 것이라고 할 뿐 정확한 연대는 알려지지 않았다. 다만 유래와 관련되어 한 전설이 전해 내려오고 있을 뿐이다.

전설에 의하면 옛날 은산 지방에 유행병이 돌아 많은 사람이 죽었는데 특히 젊은 사람들의 희생이 심하였다. 그러던 어느 날 한 노인의 꿈에 신선이 나타나 그와 부하들의 억울한 주검을 거두어 매장해 줄 것을 부탁해 신선이 알려 준 장소에 가 보니 실제 수많은 전사의 백골이 흩어져 있었다고 한다. 마을 사람들이 그 백골을 잘 매장하고 위령제를 지냈더니 마을이 다시 평화로워졌다고 한다.

내용이 약간 바뀌어 전해지는 전설도 있지만 억울하게 죽은 전사들의 넋을 위로하기 위해 별신제를 지낸다는 것은 같다. 결론적으로 말하면 은산이 백제 때 전쟁터였는데 전몰한 장병의 원혼이 남아 갑자기 풍우와 전염병을 일으켜 사람과 가축이 재해를 당하니 신당을 세웠다는 등 위에서 말한 전설과 같다.

별신제는 대제(大祭)라 하고 2년에 한 번씩 거행된다. 반면 별신당에서 매년 올리는 제사는 산제(山祭)라 하며 대제인 별신제와 달리 소제(小祭)로 치러진다. 제의 시기는 둘 다 이른봄이다. 정월 중순경 기성회에서 좋은 날을 잡는데 월동한 뱀이 밖으로 나오기 전 어느 날로 택한다.

은산 별신제의 전체 구성은 진대(陳木)베기, 꽃받기, 별신올리기, 행군과 축원, 별신내리기, 화준만의 독산제(獨山祭), 장승세우기로 이루어져 있다.

별신제는 보통 보름 동안 놀았으나 요즈음은 8일에 걸쳐 진행된다. 연희는 별신당을 중심으로 하고 시내 행군이 많다. 진대베기는 10리 이내 좋은 산에서, 꽃받기는 부여의 고란사나 삼충사에서 또는 적곡의 정혜사에서 행해진다.

별신제는 규모가 큰 행사로 참여 인원도 매우 많다. 등장 인물을 보면 대장(大將), 중군(中軍), 사령집사(司令執事), 선배 패장(稗將) 두 명, 후배 패장 두 명, 화주(化主), 육화주(肉火主), 별좌(別座) 세 명, 축관 등이 있고 이 밖에 무당, 조화자(造花者), 공인(工人), 농악수, 기수, 제물 운반자 등이 있다.

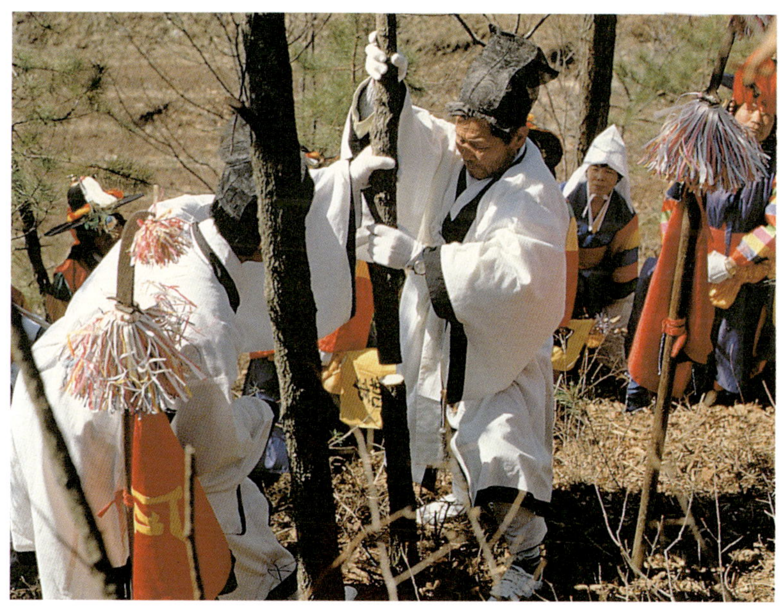

별신제 둘째날에는 10리 이내의 산에 가서 신간목인 진대 4본을 베어 오는 진대베기를 한다.

무당은 단골 무당으로 별신당 앞에서 하는 상당굿과 하당굿을 주관하고, 꽃 만드는 조화자는 사찰의 승려나 솜씨 있는 사람이 맡는다. 공인 여섯 명은 삼현육각(三絃六角, 거문고·가야금·당비파의 3현과 북·장구·해금·피리·태평소 한 쌍의 6각으로 이루어진 기악 편성)을 갖추고 농악대는 꽹과리, 징, 장구, 북으로 구성되며 기수는 서른한 명에 달한다.

별신제 첫째날에는 먼저 제수 및 제주로 쓰는 물을 보호하는 물봉〔水封〕의 의례가 치러진다. 별좌가 농악대를 거느리고 은산내에 가서 일정한 곳에 금줄을 치고 절한다. 물을 봉하고 나면 그 상류의 물을 긷거나 더럽혀서는 안 된다.

둘째날에는 진대베기를 한다. 10리 이내 좋은 방향의 산에 가서 신간목(神竿木)인 진대 4본을 베어 온다. 임원 일동이 기를 앞세우고 현지에 도착해서, 사람을 시켜 미리 물색하고 금줄과 색지로 표시해 둔 참나무 앞에서 벌목(伐木, 나무를 베는 것)을 알리는 고사를 지내고 별좌 두 명이 나무를 벤다. 이들 4본의 진대로 신을 맞아 오는 것이다. 베어 온 진대는 제사 기간 동안 은산의 화주집 뜰에 세워 둔다.

셋째날은 꽃받는 날이다. 먼저 정초에 꽃 만들 사람을 선정하는데 대개 인근 사찰이나 맑고 깨끗한 장소의 부정 없는 사람으로 정한다. 선택된 사람은 목욕 재계하고 독방에 들어가 한 달 동안 술이 달린 화등(花燈) 여덟 개와 병 안에 꽃다발을 이룬 화등 여섯 개를 만든다. 진대베기와 마찬가지로 행렬을 이루어 가서 꽃을 받아 온다.

넷째날에는 제물을 올리고 본제(本祭)를 지낸다. 각종 기가 열을 짓고 제물 운반인 20~30명이 화주집에서부터 제물 접시를 하나씩 정중히 들고 별신당으로 가는데, 각자의 입에는 부정을 타지 않도록 흰 종

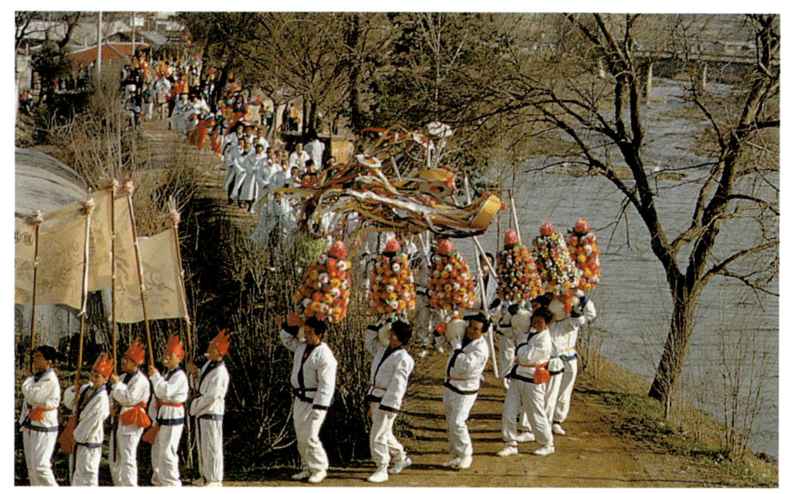

은산 별신제는 행사 규모가 큰 만큼 의상과 소도구 등 장비도 다양하게 동원된다.

이를 물게 한다.

이어 상당에서 밤에 무당이 굿을 하거나 아니면 이튿날 오전에 상당 굿을 벌인다. 기 위에 매달아 놓은 방울이 울려 강신을 알리면 굿이 끝난다. 오후에는 시장터에 내려와 시장 발전을 위한 하당굿을 한다.

다음날 저녁 화주 혼자 별신당을 찾아가 별신제가 끝났음을 고하는 독산제를 올린다. 그 다음날 시장을 중심으로 사방으로 뻗은 구(舊)도로변의 장승 터에 묵은 장승을 버리고 새 장승을 세우는 장승제를 제사 형식으로 거행한다. 이를 끝으로 일주일 넘게 은산 일대를 축제의 분위기로 몰아 간 별신제가 막을 내린다.

별신제는 대규모 행사답게 의상과 소도구 그리고 장비가 다양하게 동원된다. 우선 대장, 중군 이하 통인(通引)에 이르기까지 타야 할 말 여덟 필이 필요하다. 각기 전통 의상 차림인 것은 물론이다. 공인은 황

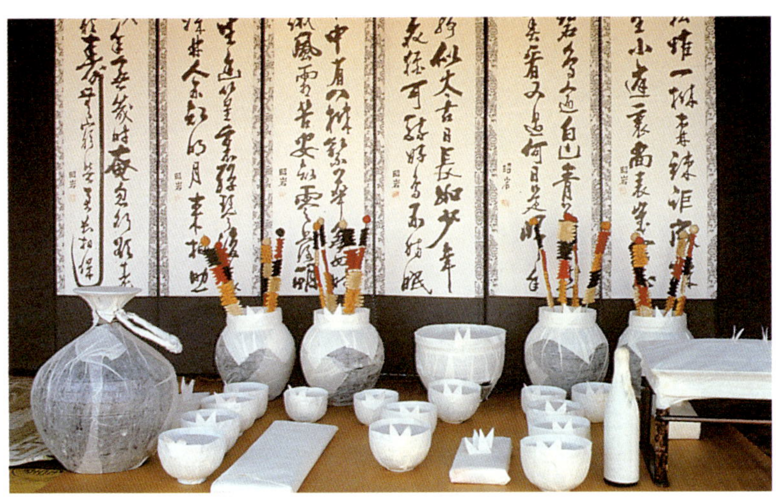

당제의 제물은 대부분 날 것을 사용하며, 제주로 쓰일 조라주는 사흘이면 빚는다.

의(黃衣)에 털모자를 쓰고, 제물을 운반하는 약 서른 명의 청소년은 청의(靑衣)를 입는다.

제물은 술, 흰떡〔白餠〕, 쌀, 콩, 팥, 감, 밤, 고사리, 도라지, 녹두나물, 두부, 김튀각, 닭, 돼지 등인데 대부분 날 것을 사용한다. 제주(祭酒)로 쓰일 조라주는 신의 도움으로 사흘 동안에 족히 빚는다고 한다. 제구(祭具)와 쌀을 이는 대바구니, 조리, 자리, 바가지 등은 모두 새로 장만한다.

행군은 진대베기와 꽃받기, 이 밖에 별신을 올리고 내릴 때와 하당 굿을 놀 때, 그리고 별신을 올렸다가 내리는 동안 매일 한두 차례씩 시내를 돌고 별신당 앞까지 행하며 많으면 7, 8회까지 행한다. 특히 별신을 올리고 내릴 때 가장 큰 규모의 행군이 이루어지며 이때 가장 많은 구경꾼이 몰리게 마련이다. 이러한 행렬은 장관을 이루는데 행렬의 순서는 다음과 같다.

영기(令旗) 두 명, 나팔수 두 명, 농기 두 명, 사령기 두 명, 24방기(二十四方旗) 스물네 명, 음양기(陰陽旗) 네 명, 구등(球燈) 여섯 명, 화등 여섯 명, 화주 한 명, 제물 운반대, 농악대 여섯 명, 사령 한 명, 집사 한 명, 선배 패장 한 명, 통인 한 명, 대장 한 명, 삼현육각 여섯 명, 중군 한 명, 후배 패장 한 명, 육화주 한 명, 축관 한 명, 별좌 한 명 등 100여 명의 일행 뒤로 지방 관서의 장들과 마을 주민이 따른다.

앞서 밝힌 대로 은산 별신제가 언제부터 거행되어 왔는지는 정확히 알 수 없다. 1938년 발간된 조선총독부 자료에 따르면 당시까지 매년 거행되어 온 것으로 나와 있으나 일제 말기에 이르러서는 치안 확보와 식량 부족 및 낭비라는 이유로 행사가 제한되어 왔다.

광복 후 다시 살아난 은산 별신제는 1966년 중요무형문화재 제9호로 지정, 전승되어 오고 있다. 현재 대장 역의 차진용(車鎭龍, 1915년생)과 화주 역의 박창규(朴昌奎, 1932년생), 무녀 황남희(黃南姬, 1937년생)가 보유자로 활동하고 있다.

강릉 단오제 (江陵端午祭)

지정번호 제13호
지정일자 1967년 1월 16일
현보유자 없음

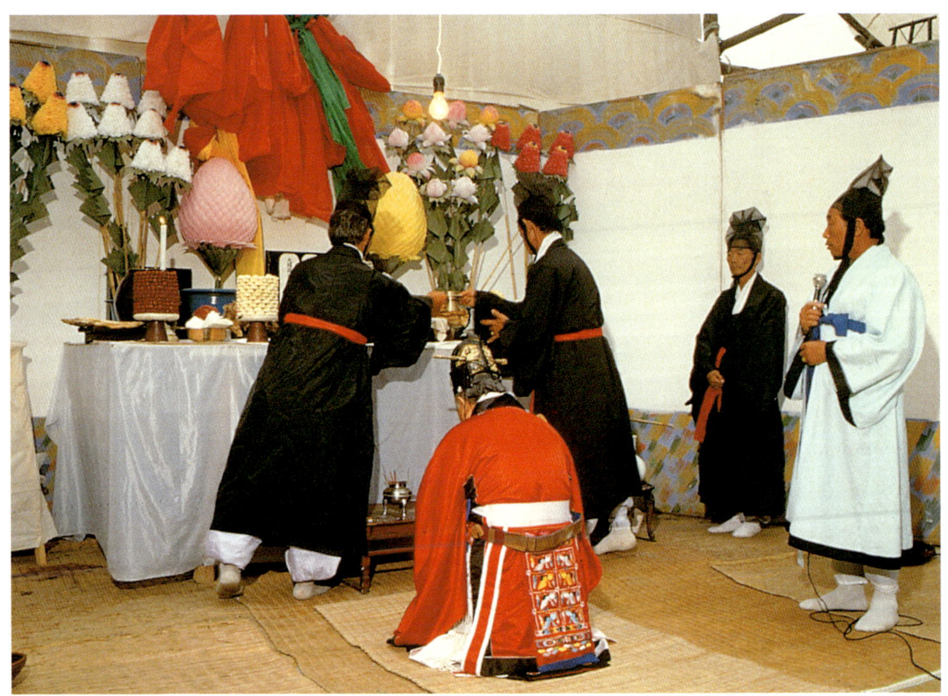

대관령 산신을 위해 드리는 강릉 단오제는 영동 지방의 중요한 향토 제의이다.

강릉은 영동에서 가장 큰 도시로 행정, 교통, 교육의 중심지이다. 옛 향토지인 『임영지(臨瀛志)』에 의하면 대관령 마루에 산신당이 있어 산신제를 지냈으며 고려 태조가 후백제의 신검(神劍)을 토벌하기 위해서 싸울 때에 두 신인(神人)이 나타나서 도운 일이 있었다고 전해진다. 태조는 그에 대한 보답으로 대관령의 삼신에게 제사를 지냈다고 한다. 고려 태조가 나라를 다스릴 때라면 10세기 초기의 일이니 대관령의 산신제는 약 천년의 역사를 가지고 있는 것이다.

강릉 단오제의 유래와 관련하여 세 가지 설화가 전해 온다. 대관령 산신으로 모시는 김유신 설화, 대관령국사서낭신(大關嶺國師城隍神)인 범일국사(梵一國師) 설화, 그리고 후대로 내려와 국사서낭신과 부부가 된 여국사서낭신에 대한 설화가 그 셋이다.

김유신은 어렸을 때 명주로 유학 가 대관령 산신에게 검술을 배웠고 강릉 남쪽의 선지사(禪智寺)에서 명검을 만들어 그것으로써 삼국통일을 이루었다. 죽어서는 대관령 산신이 되어 이 지방을 보호한다고 전해진다.

범일국사 설화는 일종의 감생설화(感生說話, 성스러운 물체의 정기를 받아 잉태하였다는 설화)이다. 강릉의 한 처녀가 굴산사(屈山寺) 앞의 우물에서 물을 긷는데 물바가지 안에 해가 떠 있어 마셨더니 잉태하여 아들을 낳았다. 아비 없는 아이를 낳은 죄가 있어 아이를 뒷산의 학바위 밑에 버렸더니 짐승들이 젖을 먹여 주고 새들이 날개로 덮어 보호하므로 비범한 아이임을 깨닫고 집으로 데려와서 길렀다. 그 아이는 당시 수도였던 경주에 가서 공부를 한 뒤 국사가 되어 나라가 위기에 처하였을 때 공을 세웠으며 죽어 대관령의 서낭신이 되었다고 한다.

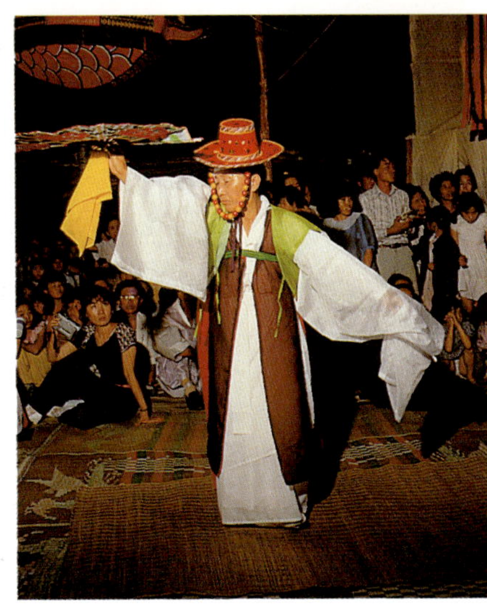

음력 4월 1일과 4월 8일에 행하는 무당굿은 유교식 의례와 굿이 함께 거행된다.

여국사서낭신에 대한 설화에 따르면 옛날 강릉에 살던 어느 정씨의 꿈에 대관령 서낭신이 나타나 딸과의 혼인을 청했다고 한다. 정씨가 거절하자 호랑이가 그녀를 업어 가 서낭신의 아내로 삼게 하였다. 정씨가 대관령 서낭당에 가 보니 죽은 딸이 서낭과 함께 벽에 서 있었다. 화공을 불러 딸의 화상을 그려 붙이자 비로소 딸의 몸이 벽에서 떨어졌다고 한다. 그녀가 대관령 서낭과 혼배(魂配, 귀신 또는 영혼과 혼인함)한 날이 음력 4월 15일이므로 이날 서낭을 여서낭당에 모셔다 두 분을 합사(合祀, 한곳에 모아 제사함)한다. 여국사서낭당은 옛날에는 강릉시 남문동에 있었으나 현재는 홍제동에 위치한다.

강릉 단오제는 음력 3월 20일 신주(神酒)를 담그는 것으로 시작하여 5월 6일까지 한 달 이상 대대적으로 거행된다. 제의의 행사 일정은 대개 다음과 같다.

음력 3월 20일이면 신주를 담근다. 옛날에는 호장(戶長, 고려 · 조선시대 고을 아전의 맨 윗사람)청 지하실에 두었으나 근래에는 성남동 시

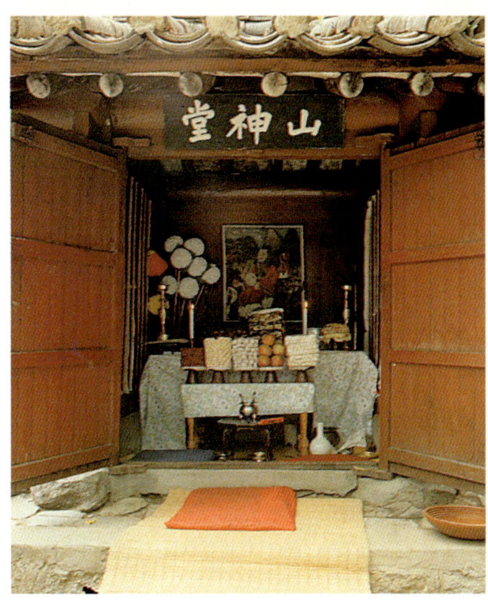

대관령국사서낭신을 봉영하기 위해 음력 4월 15일(상단오) 산신에게 제를 올린다.

장 일대의 도갓집에서 빚고 있다.

음력 4월 1일은 초단오라고 하는데 이날이 되면 호장, 부사색(府使色), 수노(首奴), 성황직, 관노(官奴) 등이 대성황사에 가서 신주와 떡시루를 올리고 제사를 지낸다. 헌주가 끝나면 무당들이 굿을 벌이고 4월 8일 재단오에도 똑같이 되풀이한다.

음력 4월 14일 저녁, 열여섯 명의 악공 연주자를 앞세우고 호장 등과 남녀 무당 50~60명이 대관령국사서낭신을 봉영(奉迎)하기 위해 행렬을 지어 떠난다. 송정(松亭)에서 야숙(野宿, 한뎃잠)하고 다음날 열 시쯤 대관령 국사성황사에 도착하여 산신에게 제를 올린다. 이때 인근의 칠성당과 우물에서는 용왕굿을 벌인다. 제사가 끝나면 신간목을 앞세우고 하산한다. 일행은 국사서낭 부인의 생가에 잠시 들른 다음 여서낭당에 가서 서낭 내외를 합사한다. 다음날인 4월 16일부터 5월 6일 축제가 끝날 때까지 매일 새벽 호장, 내무녀 등이 문안 드린다.

음력 4월 27일은 사단오라고 하며 이날은 대성황사에서 무당들이

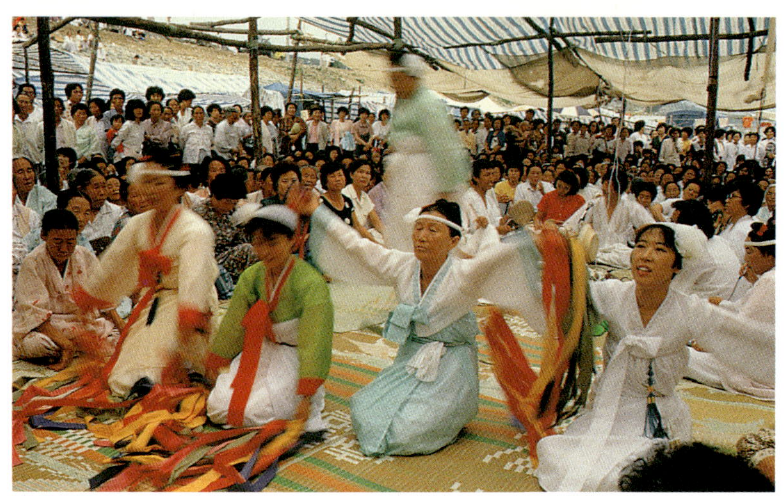

무당굿은 음력 4월 27일(사단오)부터 5월 5일(칠단오)까지 이어진다.

굿을 한다. 그리고 5월 1일(오단오), 5월 4일(육단오)을 거쳐 음력 5월 5일(칠단오)이 오면 본격적인 단오제가 시작된다. 화개(花蓋)를 만들고 관노들의 탈놀이와 무당들의 단오굿이 단옷날까지 매일 계속된다.

단옷날은 대제가 치러지는 날이다. 악대, 임원, 무당과 그뒤를 잇는 마을 사람들의 행렬이 화개를 앞세우고 대성황사를 출발하여 약국(藥局)성황, 소(素)성황을 거친다. 시장, 전세청(田稅廳), 대동청(大同廳), 사창청(社倉廳)에서 굿을 한 다음 화개는 여서낭당에, 신간은 대성황사에 봉안한다.

단옷날 아침에는 강릉 시내의 기관장들에 의한 조전의(朝奠儀)가 있고 낮에는 무녀들의 굿판이 전개된다. 근래 단오제에서 행하는 열다섯 거리 굿의 절차는 부정굿—축원굿—조상굿—세존굿—성주굿—군웅굿—심청굿—칠성굿—지신굿—손님굿—제면(계면)굿—꽃노래굿—등노래굿—대맞이굿—환우굿 등이다. 이 밖에 화해굿, 청좌굿, 산신굿, 용신굿 등이 더 놀아지기도 한다.

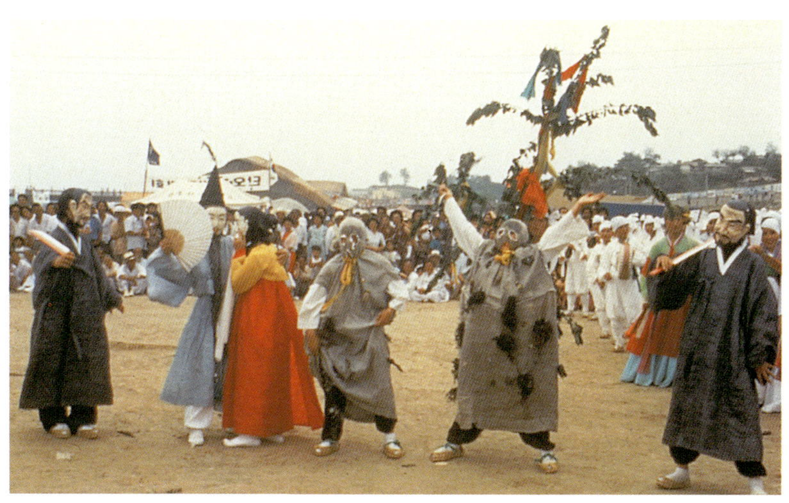

우리나라 유일의 무언극인 관노 가면극은 대사 없이 관객을 웃기고 즐겁게 한다.

　한편에서는 관노 가면극이 놀이되는데 양반, 소매각시, 장자마리, 시시딱딱이가 가면을 쓰고 등장해서 대사 없는 무언극으로 관객을 웃기고 즐겁게 한다. 관노 가면극은 우리나라에서 유일한 무언극으로 극의 내용이 다른 가면극과 전혀 다르고 놀이하는 사람도 관노라는 점이 독특하다.

　5월 6일(팔단오)에 대성황사의 뒤뜰에서 소제(燒祭)가 거행된다. 이때 단오제를 위해 만든 신간, 화개 등을 모두 불사른다. 그리고 그동안 여서낭당에 모셨던 국사서낭을 대관령의 국사성황사로 다시 모셔 가는 봉송(奉送)을 행하고 나면 근 50일 동안의 단오제는 막을 내리게 된다.

　강릉 단오제는 제관에 의해 이루어지는 유교식 의례와 무당들의 굿이 함께 거행되는 축제이다. 동해안에서 가장 규모가 큰 향토 축제이기에 수많은 군중들이 모여들고 난장이 크게 벌어진다. 규모가 큰 만큼 단오제에 사용되는 의상과 소도구도 엄청나다. 그 가운데 팻대라고도 불리는 화개를 살펴보면 대나무를 직경 6척(1.8미터) 정도로 둥글게 준비한 다음 여기에 나무껍질을 감아 무겁고 튼튼하게 한다. 이것을 30척(9미터) 높이의 장대 위에 세워 수레바퀴를 달아맨 것처럼 만든다. 여기다 20척 가량의 오색천을 늘어뜨리고 감아 곱게 장식한다. 화개의 무게만도 15~20킬로그램이나 되어 여간한 장사가 아니면 들지 못한다.

1967년 중요무형문화재 제13호로 지정되었고, 제관과 도가 역의 김진덕(金振悳, 1910~1999년)이 보유자로 인정되었으나 타계하였다. 현재 악사 역의 신동해(申東海)가 보유자 후보로, 무녀 빈순애(賓順愛)와 도가 역의 최두길 등이 조교로 인정되어 강릉 단오제의 보존과 전승을 위해 노력하고 있다.

영산재 (靈山齋)

지정번호 제50호
지정일자 1973년 11월 5일
현보유자 장태남(張泰男, 1909년생)
　　　　　박희덕(朴喜德, 1915년생)
　　　　　이재호(李在浩, 1920년생)

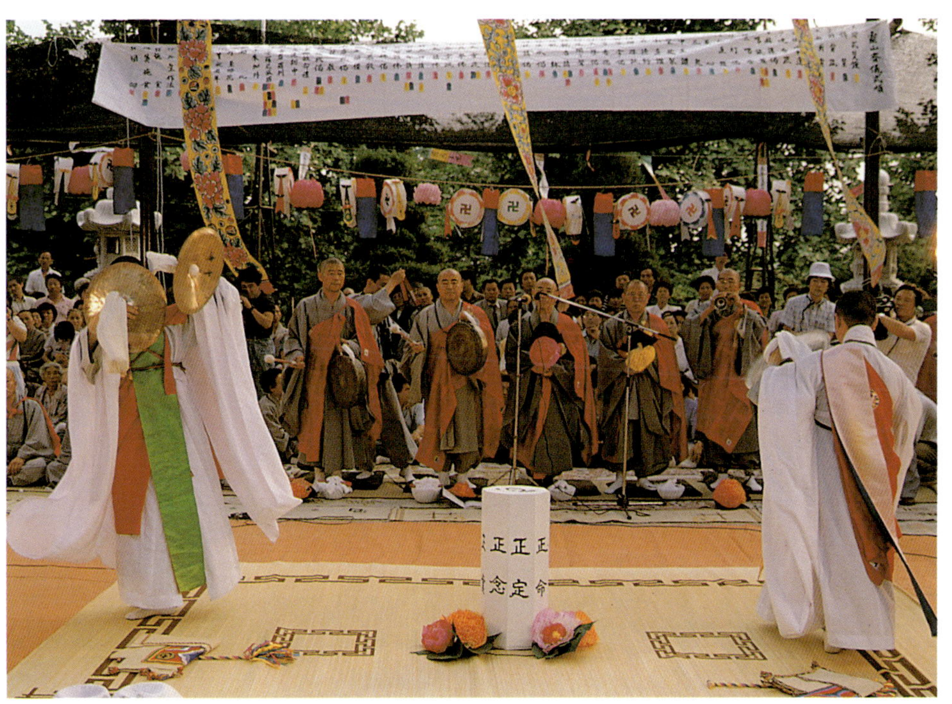

영산재는 불교의 영혼 천도를 위한 의식으로 49재 가운데 규모가 가장 크고 많은 시간이 걸린다.

영산재는 불교의 영혼 천도를 위한 의식 가운데 하나로 49재의 한 형태이다. 49재는 사람이 죽은 지 49일 만에 영혼을 천도하는 의식인데 이 의식에는 상주권공재(常住勸供齋), 시왕각배재(十王各拜齋), 영산재(靈山齋) 등이 있다. 죽은 사람의 영혼을 천도한다는 점에서 이 세 가지 의식의 신앙적 목적은 같지만 절차나 세부적인 신앙 구조에서는 차이를 보인다. 영산재는 49재 가운데 가장 규모가 크고 많은 시간이 걸리는 의식이다.

영산재는 석가모니의 설법회상인 영산회상을 오늘에 재현한다는 상징적인 의미를 갖고 있다. 이 법회를 통해서 영혼을 천도하는 의식을 행하는 것이다. 영산회상을 열어 영혼을 일으키고 거기에 귀의함으로써 극락왕생을 이룬다고 믿는다.

또 영산재는 국가의 안녕과 군인들의 무운장구 또는 큰 조직체나 죽은 자를 위해서도 거행된다. 범패승들은 처음에 상주권공재를, 다음으로 시왕각배재를 배우고 나서야 마지막으로 이 영산재를 배운다.

이능화(李能和)의 『조선불교통사(朝鮮佛敎通史)』에 의하면 조선 전기에 이미 영산재가 행해지고 있었다 한다. 이것은 법화사상(法華思想, 불교에 관한 이야기와 생각)의 융성과 깊은 관련이 있다. 영산재는 영산회상을 상징화한 것이고 그것은 법화사상에서 유래하기 때문이다.

영산재를 진행하기 전에 그 의식 내용에 따라 의식 승려의 진용(陣容)을 정하는데 이를 용상방(龍象榜)이라 한다. 재의 의식을 증명하는 증명법사(證明法師), 설법을 맡은 회주(會主), 의식의 총지휘격인 법주(法主), 범패와 의식 무용 그리고 반주 등을 맡는 어산(魚山), 범음(梵音), 범패승, 종을 치는 종두(鐘頭), 북을 치는 고수(鼓手), 그리고 조수를 맡은 사람이 있다.

의식의 음악을 담당하는 법악기의 인원은 태징 한 명, 요령 한 명, 바라 한 명, 삼현육각 여섯 명, 범종 한 명, 호적 두 명, 나비춤 두 명(또는 네 명)으로 한다. 구성원의 조직은 때에 따라 늘기도 하고 줄기도 한다.

영산재는 망자로 하여금 해탈과 극락왕생을, 대중에게는 불법의 가르침과 신앙심을 더욱 고취시키는 한편 부처님 당시의 영산회상을 금일 도량에 다시금 꾸며 모든 중생으로 하여금 불법과의 인연을 맺고 업장소멸과 깨침을 주는 데 그 의의를 두고 있다.

영산재의 절차 내용은 다음과 같다.

시련(侍輦)은 영산재 도량에 불, 보살, 옹호신중, 영가를 봉청(奉請)해 모시는 의식이다. 대중이 연을 들고 해탈문 밖의 시련 터로 나

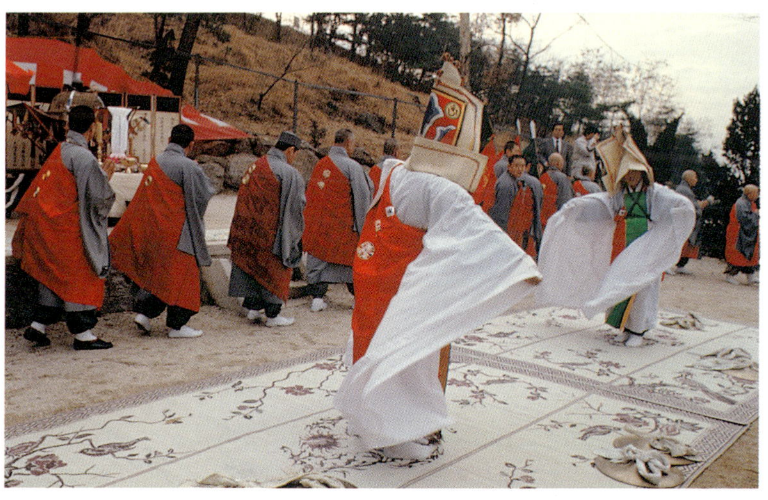

시련 의식 가운데 호적과 취타수가 풍악을 내고 대중이 왼쪽으로 돌며 다게작법을 합창하면 원형 가운데에서 나비춤을 춘다.

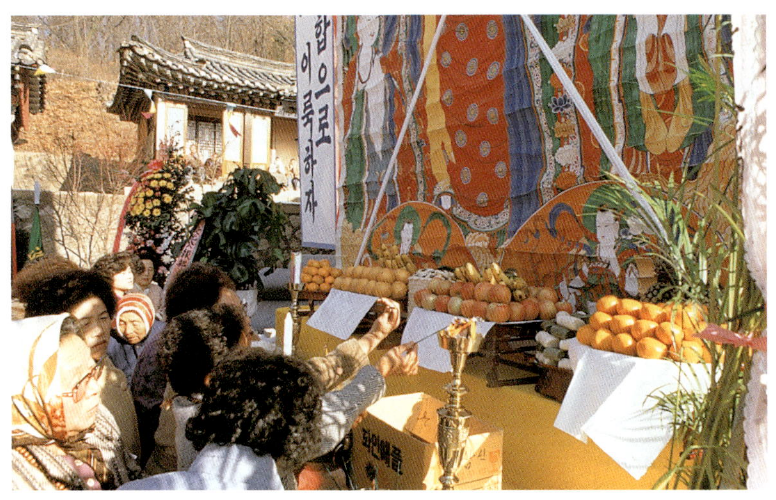

신중작법은 상당 공양물을 신중단에 퇴공하여 공양하는 것으로 영산재의 둘째날에 행한다.

아가 나무대성인로왕보살의 인도로 재가 치러지는 도량으로 모셔 오게 된다.

대령(對靈)은 영혼에게 음식을 대접하여 곡기를 면하게 하고 불법을 일러 주어 불전에 나아갈 차비를 갖추도록 하는 절차이다.

관욕(灌浴)은 영혼이 불단에 나아가 불법을 듣기 전에 사바세계에서 지은 삼독(三毒, 탐진치)으로 더럽혀진 몸과 마음의 업을 부처님의 감로법으로 깨끗이 닦아 드리는 의식이다.

조전점안(造錢點眼)은 명부세계에서 사용되는 금은전(金銀錢)을 점안하는 의식이며 신중작법(神衆作法)은 불법을 옹호하는 신중을 청해 모시는 절차이다. 한국 불교의 역사가 깊은 만큼 전통 신앙인 무속과 상호 전수의 교류 관계가 있음을 찾아볼 수 있는 의식이다. 신중은 원래 불교가 발생되기 이전 인도 고대 신화 속의 신들로 불교와 더불어 전래되었다. 이것이 중국을 거쳐 북방 불교의 전래 국가인 우리나라에 들어오면서 중국의 칠성신, 시왕신과 더불어 우리나라의 산신, 정신, 토속신들의 불법을 옹호하는 신으로 전래되었다. 이들은 부처나 보살보다 한 단계 낮은 지위에 있으므로 신중단이란 단을 꾸며 부처님보다 낮은 중단에 모신다. 신중의 분류는 매우 다양한데 우리나라는 범천, 제석천, 인왕, 사천왕, 팔부중, 십이신장 등이 주로 조성되어 왔다.

괘불이운(掛佛移運)은 중국 육조의 양식이 전해지면서 발전되었고 기우제, 영산재, 예수재 등 큰 재가 있을 때 괘불이 사용되면서 이루어진 의식이다. 각 사찰의 주불전, 대웅전, 석가모니불의 후불탱화는 법화경의 변상(變相, 지옥의 고통스런 모습이나 정토의 장엄한 모양을 그린 그림)을 압축 묘사한 영산회상도로서 재의 규모가 큰 법화나 의식을 거행할 때 야외에 단을 설치하고 괘불대에 내걸곤 하였다. 괘불단을 향하여 부처님을 거령해 모시는 절차이다.

상단권공(영산작법)은 불보살과 옹호신중 등 모든 고혼(古魂)들을 청정한 영산도량에 모셔 왔으니 모든 대중이 지극한 정성으로 마련한 육법공양과 음성공양으로 권공하니 불법을 들어 불보살의 가피력(加被力, 부처나 보살이 중생에게 자비를 베푸는 힘)을 입을 것을 발원하는 내용이다. 상단권공은 영산재의 핵심을 이루는 절차로서 바깥차비의 중심으로 진행된다.

식당작법(食堂作法)은 영산재에 동참한 모든 대중스님들이 식당(제당)에 모여 공양하는 의식이다. 이 공양에 오기까지 시자, 수자, 시물의 공덕과 오관(五觀)을 관하고 공양을 받아 삼보를 생각하고 팔정도(八正道)의 수행 가르침을 받아 도업을 성취하고 배고픔의 아귀중생까지 공양을 베풀어 부처님의 참된 가르침을 깨닫게 하는 과정이 있

첫째날	둘째날	셋째날
· 시련(侍輦)	· 조전점안(造錢點眼)	· 영산(靈山) 중간부터 시작
· 대령(對靈)	· 신중작법(神衆作法)	· 운수상단(雲水上壇)
· 관욕(灌浴)	· 괘불이운(掛佛移運)	· 중단(소청중위, 召請中位)
· 다음날 아침 예불 미리 봉행	· 영산(靈山) 중간까지 마침	· 신중퇴공(神衆退供)
	· 식당작법(食堂作法)	· 관음시식(觀音施食/奠施食)
	· 다음날 아침 예불 미리 봉행	· 소대봉송(消臺奉送)
		· 회향설법(回向說法)

다. 일반 대중 사찰에서 하는 공양과 달리 범패, 홑소리, 짓소리와 작
법무가 어우러진 공양 의식이다.

운수상단권공(소청상위)은 명부시왕에 대한 권공으로 소청상위는
각배재로 진행되는데 운수상단에 불보살을 청하여 예를 갖추어 공양
을 올리며 금일 재의 내용을 소상히 밝히는 의식 절차이다. 그리고 중
단권공(소청중위)은 중단 지장보살 증명으로 각 존자와 십대명왕 등
각 대왕과 각종 권속을 청해 권공하는 절차이다. 신중작법은 상단 공
양물을 신중단에 퇴공하여 공양하는 절차에 해당한다.

관음시식(觀音施食)과 전시식(奠施食)은 고혼단에 공양을 베푸는
의식으로 상단 불보살전에 육법공양을 올리고 신중퇴공과 더불어 축
원을 마친 뒤 밖에 마련된 하단을 향해 모든 고혼을 위하여 법식을 주
면서 법문을 설해 준다. 대령재에서는 간단한 면을 올려 청해 모심에
주린 배를 면하라고 하였지만 이제 영가에서 부처님의 법을 듣고 돌아
가심에 있어서도 편안한 영식으로 배불리 공양하고 돌아가시라는 절
차로 현세와 같이 공양을 올린다.

봉송(奉送)과 소대(燒臺) 의식은 영산재의 도량에 봉청해 모신 불

보살, 수호신, 영혼 등을 돌려보내는 절차이다. 이제 부처님의 법공양과 금일 재자의 지극정성으로 올린 육법공양을 모두 받으셨으니 삼보전에 예를 올린 다음 먼저 불보살을 봉송한다. 그 다음은 수호신으로 옹호신중, 곧 모든 불자 등 각 영가들을 인로왕보살의 인도 아래 소대로 내려모시는 절차로 대중과 재자들은 법성게(法性偈)를 염하며 도량 한쪽에 마련된 소대로 향하여 각종 장엄구를 불태운다.

영산재의 진행 절차는 『석문의범(釋門儀範)』, 『봉원사요집(奉元寺要集)』, 『작법귀감(作法龜鑑)』과 『한국불교의례자료총서(韓國佛敎儀禮資料叢書)』에 전해지고 있는 순서를 바탕으로 그 내용과 진행을 살펴볼 수 있다. 흔히들 '하루 권공(勸供) 사흘 영산(靈山)'이라고 하듯 영산재의 작법은 사흘 동안 낮과 밤에 하였으며 여기에 걸리는 시간만 보더라도 얼마나 규모가 큰 법회인가를 짐작할 수 있다. 그러나 한국전쟁 뒤 점차 재의 규모가 축소되어 근래에는 하루 동안의 영산재 시연회를 통해 그나마 맥을 잇고 있는 실정이다.

첫째날은 몇 번의 시련과 더불어 재가 치러지는 도량의 한쪽에 설치된 대령상에 대령을 마친 다음 관욕과 저녁 영반을 한다. 그리고 다음날 아침 예불 및 순당(巡堂)을 하면 재의 첫날이 지나간다.

둘째날에는 조전점안과 신중작법에 이어 야단(野壇)에 괘불단을 설치하고 괘불함을 여러 대중 스님이 어깨에 메고는 인도 스님의 나무영산회상불보살(南無靈山會上佛菩薩) 짓소리에 맞추어 괘불을 옮기는 괘불이운 절차를 진행한다. 영산을 중간 정도까지 한 다음 영산재의 꽃이라 할 수 있는 식당작법에 들어간다. 이때에는 법고 소리와 함께 법고무가 재의 절정을 이루며 식당작법을 끝으로 둘째날이 끝난다. 저녁에는 첫째날처럼 이튿날 아침 예불을 순당과 곁들여 모신다.

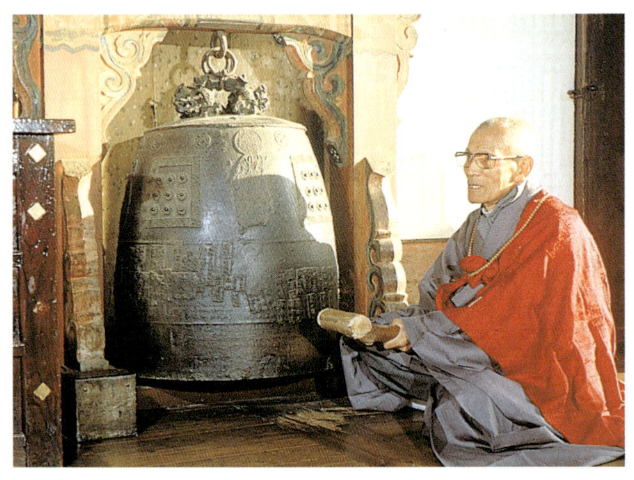

영산재는 안차비와 바깥차비로 구성되는데 안차비는 법당 안에서 행하는 순수
불교 의식 절차를 말한다.

그 다음 셋째날 다시 영산의 중간부터 운수상단, 중단, 신중퇴공, 관
음시식, 전시식, 소대봉송을 한 다음 태징과 삼현육각, 호적이 어우러
져 한바탕 흥을 돋우고 다시 법당을 한바퀴 돌고 나면 마지막 설법에
들어가는데 이를 땅설법이라 한다. 다른 말로 재의 회향을 설하는 법
문이므로 회향설법이라고도 하며 이때에는 다른 설법과 달리 각종 염
불을 넣어서 설법한다.

영산재의 설단(設壇) 형식은 영산회상도를 한가운데 걸고 그 앞에
불단을 마련한다. 이것이 상단(上壇)이다. 여기에는 향(香), 차(茶),
꽃[花], 과일[果], 등(燈), 쌀[米]의 육법공양(六法供養)이 차려진다.
상단 왼쪽에는 중단(中壇), 오른쪽에는 하단(下壇)을 마련한다. 중단
은 의식도량을 옹호하는 신중단(神衆壇)이고, 하단은 해당 영혼에게
제사 드리는 영단(靈壇)이다. 중단에는 상단과 같은 제물을 올리고 하
단에는 고기, 생선, 주류 등을 제외한 일반 제물을 차린다.

현재 불교 음악은 경제(京制), 영제(嶺制), 완제(完制) 등으로 지역

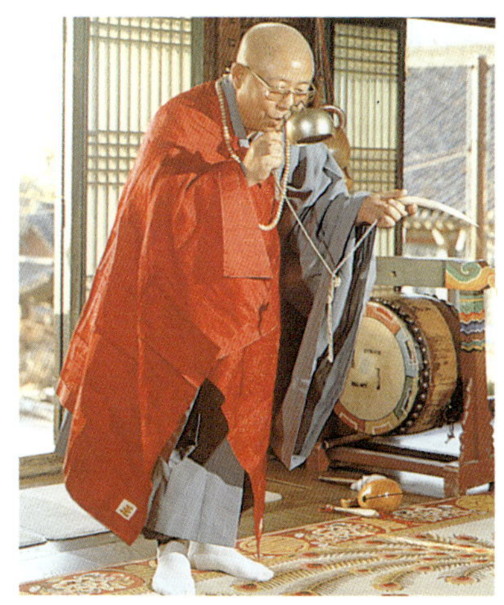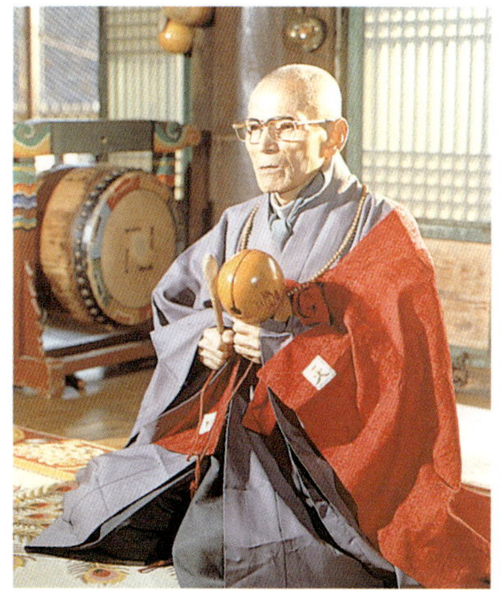

안차비는 정해진 의식 절차에 따라 목탁을 치거나 요령을 흔들면서 독경을 하거나, 안차비 소리를 하면서 예경 절차를 진행한다.

적 분류가 가능한데 그 전승이 활발히 이루어지고 있는 곳은 역시 서울 지역이다. 이곳에서는 영혼 천도 의식, 점안 의식, 이운 의식, 장례 및 천도 의식, 예경 의식, 연중 행사 의식, 수계 의식(1997년 국립문화재연구소에서 행한 한국 전통음악 자료 분류법에 대한 곡 분류) 등이 치러지고 있는데 영산재는 바로 영혼 천도 의식 가운데 하나이다. 영혼 천도 의식에는 상주권공재, 시왕각배재, 영산재, 생전예수재(生前豫修齋) 등이 있다.

영산재를 진행하기 위해서는 야외에 큰 단을 설치하고 괘불 앞에는 많은 장신구를 진열한다. 이는 부처님에 대한 장엄의 도구이며 단을 한층 돋보이게 하고 신심을 일으키는 데 이용된다. 이렇게 부처님 앞에 갖추어지는 도구를 불구(佛具)라고 하며 아침 저녁으로 예경에 필요한 도구와 영산재 등의 의례를 수행하는 데 사용되는 도구를 법구(法具)라 한다. 사찰에서는 사물(四物) 또는 사보(四寶)라 하여 소중히 여긴다.

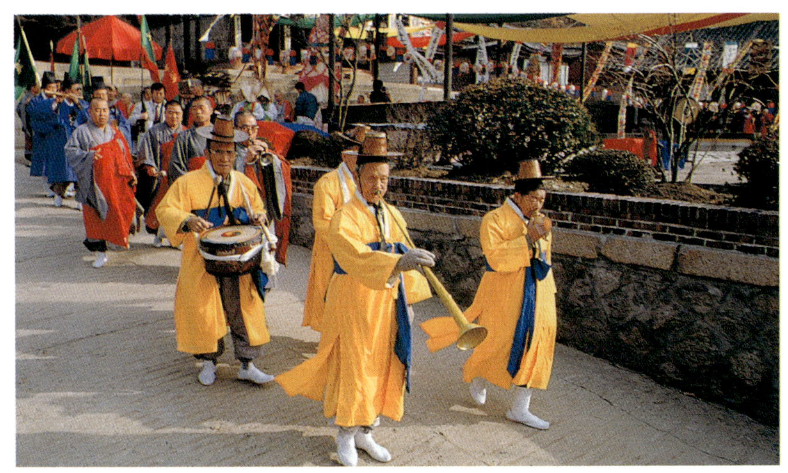

소대봉송을 한 다음 태징과 삼현육각, 호적이 어우러져 한바탕 흥을 돋우며 법당을 돈다.

불구로는 천개(天蓋), 당번(幢幡), 화만(華鬘), 연화대좌, 공양구(불기, 다기, 향로, 다관, 다반)가 있고 사물로는 대사물(범종, 북, 목어, 운판)과 소사물(동라, 바라, 요령, 죽비, 법라, 패 등)이 있다.

영산재에 있어 부처님을 찬양하는 음성공양(音聲供養, 범음을 목어·운판·법고·범종 등 사물로써 연주함)과 수행자의 법무(法舞)를 통한 무공양(舞供養)에 대한 확실한 기록을 찾기는 힘들지만 6세기 초 백제 때 오나라의 기악무(伎樂舞)를 미마지(味摩之)가 배워 일본에 전하였다는 기록이 『일본서기(日本書紀)』에 있는 것으로 보아 부처님께 공양하는 가무의 일종으로 평가되고 있다. 작법무는 크게 바라무, 나비무, 법고무, 타주무의 네 종류로 나누기도 한다.

바라무의 종류에는 천수바라(千手哱囉), 사다라니바라(四茶羅尼哱囉), 명바라(鳴哱囉), 내림게바라(來臨偈哱囉), 관욕게바라(灌浴偈哱囉) 등이 있다. 나비무는 향화게(香花偈), 운심게(運心偈), 삼귀의(三歸依), 모란찬(牡丹讚), 오공양(五供養), 구원겁중(久遠劫中), 도량게(道場偈), 다게(茶偈), 기경(起經), 사방요신(四方搖身), 정례(頂禮), 지옥게(地獄偈), 자귀의불(自歸依佛), 타주(打柱), 만다라(曼茶羅) 등이다. 법고무는 요잡바라무 끝머리나 식당작법 때에 쓰여지는데 보통 한쪽 북면에서 북을 울리면 반대편에선 어장 스님의 태징 장단에 맞추어 법고무를 춘다. 타주무는 영산재 가운데 식당작법에서만 행해지는 의식으로 불보살과 불법승 삼보, 그리고 시자, 수자, 시물(시주로 내는 재물)을 다시금 생각하게 하여 공양을 찬탄하는 의식이다.

영산재는 1973년 중요무형문화재 제50호로 지정되어 보존되고 있다. 현재 범패의 장태남(張泰男, 1909년생) 스님과 박희덕(朴喜德, 1915년생) 스님, 작법무의 이재호(李在浩, 1920년생) 스님이 보유자로 인정되어 있다.

종묘 제례(宗廟祭禮)

지정번호 제56호
지정일자 1975년 5월 3일
현보유자 이은표(李殷杓, 1914년생)

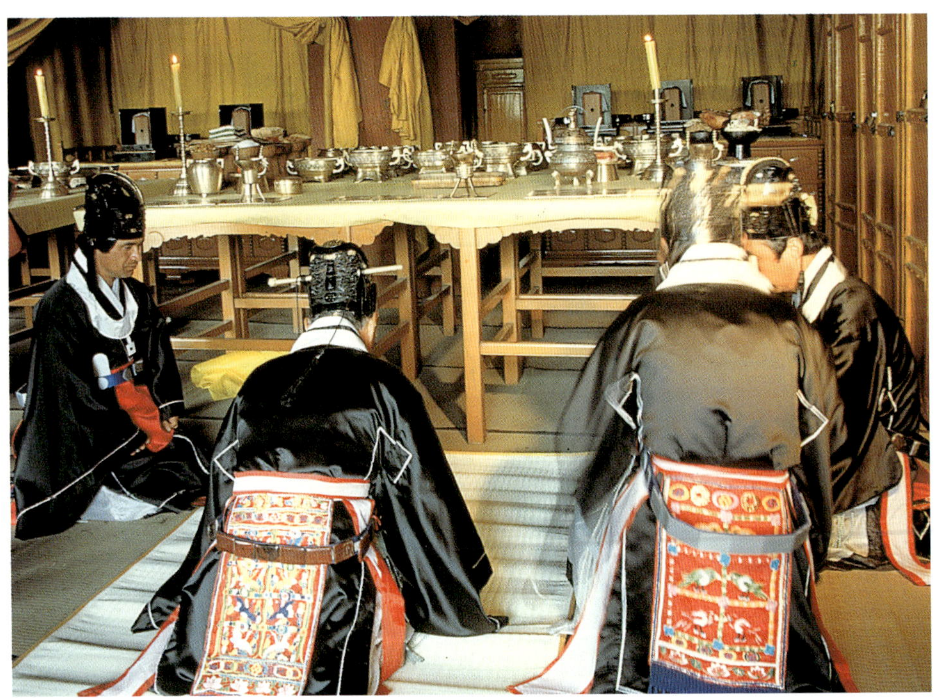

종묘는 조선왕실의 신주를 봉안한 사당으로 여기에서 행하는 제향 의식이 종묘 제례이다.

종묘는 조선시대 왕과 왕비의 신주를 봉안한 사당으로 사직과 더불어 국가 존립의 근본이 되는 중요한 상징물이었다. 종묘에는 정전(正殿)과 영녕전(永寧殿)이 있는데 정전에는 19실이 있어 19위의 왕과 30위의 왕후의 신주가 모셔져 있다. 영녕전에는 정전으로부터 조천(祧遷)된 15위의 왕과 18위의 왕후, 의민황태자(懿愍皇太子, 英王)의 신주가 16실에 모셔져 있다.

종묘 제례는 종묘에서 행하는 제향 의식을 말한다. 조선을 창건한 태조는 송도에서 한양으로 천도한 뒤 현재의 종묘를 세웠다. 종묘는 중국 우나라 때 시작된 것으로 은·주대까지는 각기 7대조까지 묘에 봉안하는 7묘제를 하였으나 명나라에 와서 9묘제로 바뀌었다. 우리나라에서는 신라시대에는 5묘제를, 고려시대에는 7묘제를 하였고 조선시대 초기에도 역시 7묘제를 행하였다. 다시 말해 7대왕 이상의 신주는 영녕전으로 조천하게 되어 있었다. 그러나 조선왕조의 종묘는 그뒤 7대조까지만 봉안(奉安)하지 않고 치적이 큰 왕을 만세불후(萬世不朽), 조공숭덕(祖功崇德)의 이념에 따라 7대가 지나도 부조위(不祧位)인 정전에 모셨다.

『국조오례의(國朝五禮儀)』에 의하면 종묘 제의에는 친협종묘의(親祫宗廟儀), 사시급납향종묘섭사의(四時及臘享宗廟攝事儀), 삭망향종묘의(朔望享宗廟儀), 기고종묘의(祈告宗廟儀), 천신종묘의(薦新宗廟儀) 등이 있다.

종묘 제향에는 정시제와 임시제가 있었다. 정시제는 춘하추동 4계절과 납일(臘日), 곧 동지 뒤의 세 번째 술일(戌日)에 지내다가 1909년 납일 제향을 폐지하고 4계절의 첫번째 달 곧 춘 정월, 하 4월, 추 7월, 동 10월의 상순에 지냈다. 그리고 영녕전은 춘 정월, 추 7월의 상

정전 및 영녕전 봉안 신위

전각명	봉안 신위명	실수
정전(正殿)	태조 3위, 태종 양위, 세종 양위, 세조 양위, 성종 3위, 중종 4위, 선조 3위, 인조 3위, 효종 양위, 현종 양위, 숙종 4위, 영조 3위, 정조 양위, 순조 양위, 문조 양위, 현종 3위, 철종 양위, 고종 양위, 순종 3위	19
영녕전(永寧殿)	목조 양위, 익조 양위, 도조 양위, 환조 양위, 정종 양위, 문종 양위, 정종 양위, 덕종 양위, 예종 3위, 인종 양위, 명종 양위, 원종 양위, 경종 3위, 진종 양위, 장조 양위, 의민황태자 양위	16

순 2회만 정시제를 봉행하였다. 그 밖에 나라에 흉한 일이나 좋은 일이 있을 때마다 임시제인 고유제(告由祭)를 올렸다.

또한 계절에 따라 햇과일과 햇곡식이 나오면 간단한 방식으로 종묘에 고하였는데 이것을 천신제(薦新祭)라 하였다. 중춘(仲春, 음력 이월)에는 얼음을, 계춘(季春, 음력 삼월)에는 고사리를 드린다. 맹하(孟夏, 음력 사월)에는 송어(松魚), 중하(仲夏, 음력 오월)에는 앵두와 살구, 중추(中秋, 음력 팔월)에는 벼와 연어, 맹동(孟冬, 음력 시월)에는 감과 귤, 밀감 등을 드린다.

그러나 근년에 전주 이씨 대동종약원이 행사를 주관하면서 매년 오대향(五大享)이던 것이 세일향(歲一享)으로 바뀌어 5월 첫번째 일요일에 봉행되고 있다.

조선시대의 종묘 대제에는 왕이 세자와 문무 백관, 종친을 거느리고 종묘에 나와 친히 제향을 올렸는데 이것을 친행(親行)이라고 한다. 왕이 유고(有故, 탈이나 사고)로 친행하지 못할 경우 세자나 영의정이 대행하였는데, 이것이 섭행(攝行)이다.

현재 정전과 영녕전의 제관은 각 능 봉향위원회가 주축이 되고, 각 시도 지원에서 인품과 제례 경험이 많은 종친을 추천받아 제관으로 위촉하고 있다. 제관은 친행시와 섭행시 품계가 달랐다.

각 신실별 제관은 초헌관, 아헌관, 종헌관, 대축관, 묘사(廟司), 내봉관, 외봉관, 집준관(執樽官) 등 여덟 명이다. 그 밖에 각 전별로 집례, 감제관(監祭官), 천조관(薦俎官), 봉조관(捧俎官), 당상, 당하, 찬의(贊儀)로 구성되어 정전 163명, 영녕전 137명, 공신당 두 명 등 도합 302명으로 편성된다.

종묘의 안팎을 정리하고 제기를 닦는 한편 제의 준비 진행표에 부서, 담당자, 소임, 준비 기간 등을 표시하여 마무리하여 둔다. 악사들은 악기를 진설하고 천막을 친다. 제물을 받아 드리며, 준소에 제기를 진설하며 향과 축, 폐를 받아 향대청(香大廳)에 모셔 두고, 신전의 문을 열고 동월랑(東月廊)에서 제물을 그릇에 담고 정전과 준소에 제물을 진설한 다음 문을 닫아 둔다.

친행하는 제사 때에 임금은 재계(齋戒)를 한다. 제의를 지내기 전 나흘 동안은 산재(散齋, 제사를 지내기 전에 목욕하고 재계함)하고 그 다음 사흘 동안은 치재(致齋, 제사 전 사흘 동안 재계함)하였다. 각 제관들도 치재하였는데 산재는 정침(正寢)에서 행하고 치재는 본사(本司)와 제소에서 행하였다. 산재시에는 초상집에 조문 가는 것, 문병 가는 것, 음악을 듣는 것 등을 모두 금하였고 술도 먹지 아니하였다. 그러나 이러한 제의에 임하는 금기들은 한 말에 이르러 폐지되었다.

제의를 봉행하기 전의 제의 절차는 다음과 같다. 먼저 제관 이하 모두 제복을 입고 대기한 다음 정전 내외를 숙계(肅啓, 삼가 아룀)한다. 그뒤 정전의 문을 열고 명화(明火, 장지 한가운데에 종이 한 겹만 발라

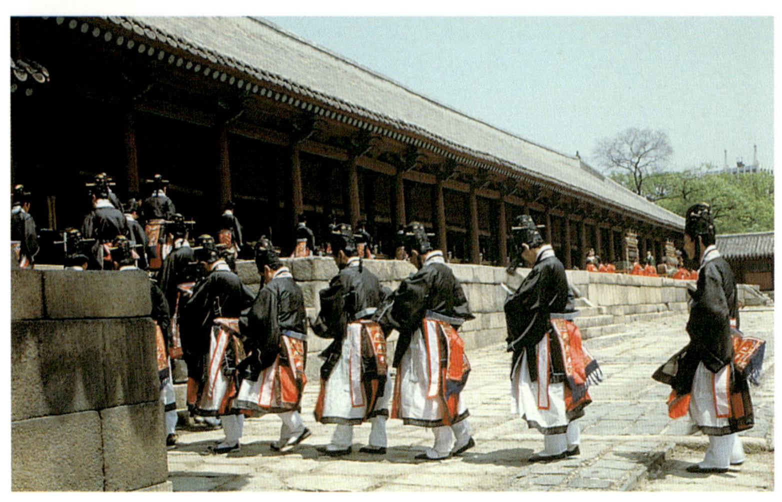

제의를 봉행하기 전 제관들은 각자의 자리를 찾아간다.

서 불이 환히 비치게 한 부분)에 불을 붙이면, 집사가 정전에 올라가 주독(主櫝, 신주를 모시어 두는 궤)을 열고 나서 신주를 신탑(神榻)에 모신다. 이때 헌관이 향, 축, 폐백을 모시고 정전 앞에 당도한 다음 헌관과 묘사가 향, 축, 폐백을 받는다. 그 다음 향과 축은 묘사가 나누어 올리고 폐백은 묘사가 각실의 준소 폐비에 나누어 올린다.

제례의 절차는 미리 준비된 홀기를 창(唱)함에 따라 진행된다. 홀기는 제례의 진행 절차를 적은 문서이다. 집례가 창하면 제관을 수행하는 알자(謁者)가 이를 듣고 제관이 홀기대로 행하도록 인도한다. 행제하기 직전 제관들이 미리 각자 정해진 자리에 가서 서는 것이 취위(就位)이다.

청행례에서는 묘사와 대축이 각실의 신주를 받들고 나오면 제관들은 동쪽 층계 아래에서 서쪽을 향해 선다. 유사(有司)는 정시가 되었음을 고하고 제사지내기를 청한다.

영신에서는 당상의 집례가 보태평지악(保太平之樂)과 보태평지무

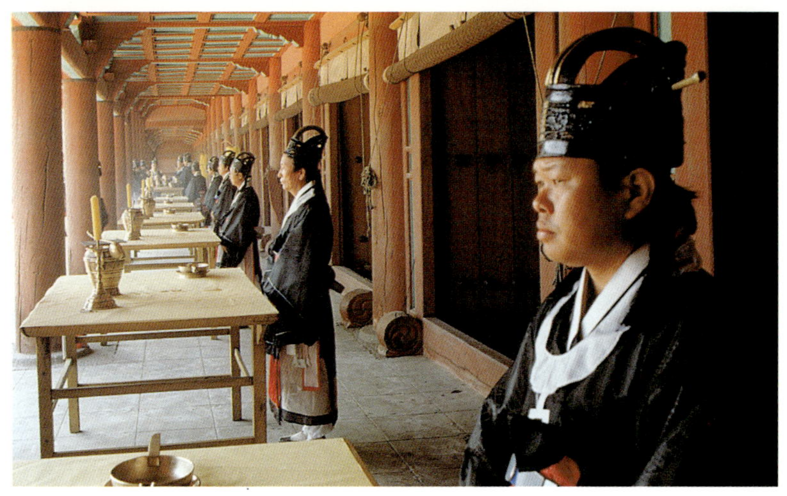

행제하기 직전 제관들이 각자 정해진 자리에 서는 것이 취위이다.

(保太平之舞)를 연주하라 명하면 헌가(단 위)에서 영신희문(迎神熙
文)을 연주하고 문무(文舞)를 춘다. 이 사이 초헌관 이하 모두 4배를
한다.

　신관례는 사대부집 제례의 강신례와 같은 것이다. 각 실에서 상향—
관창(祼鬯)—전폐하는 것이 그 절차이다. 각실 외봉관이 용찬을 받들
어 술을 받고 초헌관은 신위 앞에 나가 향을 올리고 대축관은 폐백을
올리는 것을 내용으로 한다. 음악은 등가(단 아래)에서 전폐희문을 연
주하고 일무(佾舞)는 문무를 춘다.

　진찬은 제수를 진설한다는 뜻이다. 축사, 대축, 재랑 등이 거드는 가
운데 천조관과 봉조관이 행례한다. 제수 가운데 모혈반(毛血槃), 간
료, 우숙(牛熟), 양숙, 돈숙을 드리는 것이다. 모혈과 간료 등 익히지
않은 것을 제물로 쓰는 이유는 상고(尙古)의 뜻을 취하기 때문이다.
음악은 진찬을 연주하고 일무는 없다.

　삼헌례는 초헌, 아헌, 종헌례를 말한다. 초헌에서는 술잔을 올리는

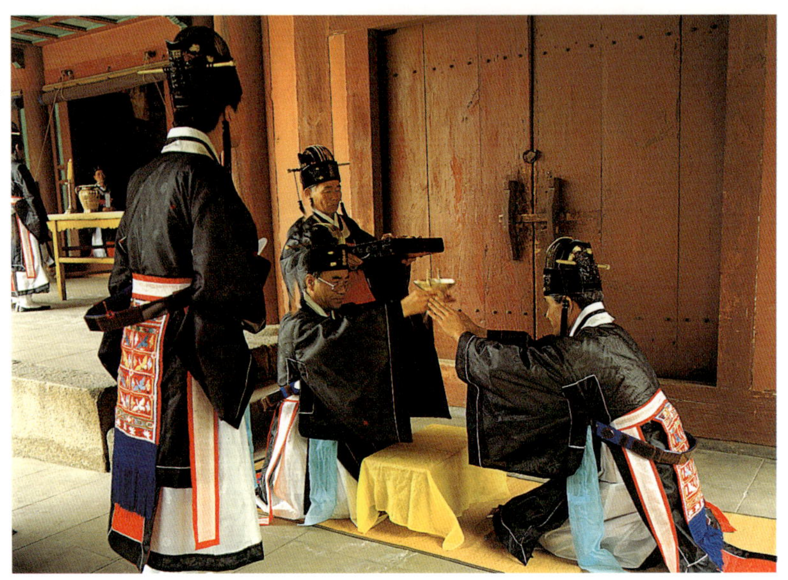

신관례 절차 가운데 각실 외봉관이 용찬을 받들어 술을 받고 있다.

헌작과 축문을 읽는 축독이 있으나 아헌과 종헌에서는 헌작뿐이고 축독은 없다. 초헌의 술을 예제(醴齊), 아헌의 술은 앙제(盎齊), 종헌의 술은 청주(淸酒)이다. 초헌에서는 등가에서 보태평의 전곡을 연주하고 아헌, 종헌에서는 헌가에서 정대업(定大業)의 전곡을 연주한다. 헌작을 다한 뒤 초헌관이 음복하는 예가 음복례이다. 이때 음악은 없다.

철변두는 음복례가 끝난 뒤 대축들이 각 실에 들어가 변두를 거두는 것인데, 실제로는 다 거두지 않고 변(籩, 주로 과일을 남아 두는 대오리를 엮어 만든 제기)과 두(豆, 고기붙이를 담는 나무로 된 제기) 한 개씩은 자리만 조금씩 옮겨 놓는다. 음악은 등가에서 진찬을 연주한다. 모든 헌관과 천조관, 봉조관, 공신헌관이 국궁 4배를 하고 일어나면 음악이 그치면서 이제 대축관이 독을 덮고 신주를 모셔 들인다.

끝으로 송신의 예를 행한다. 헌관 이하 모두 4배하고 끝나면 초헌관

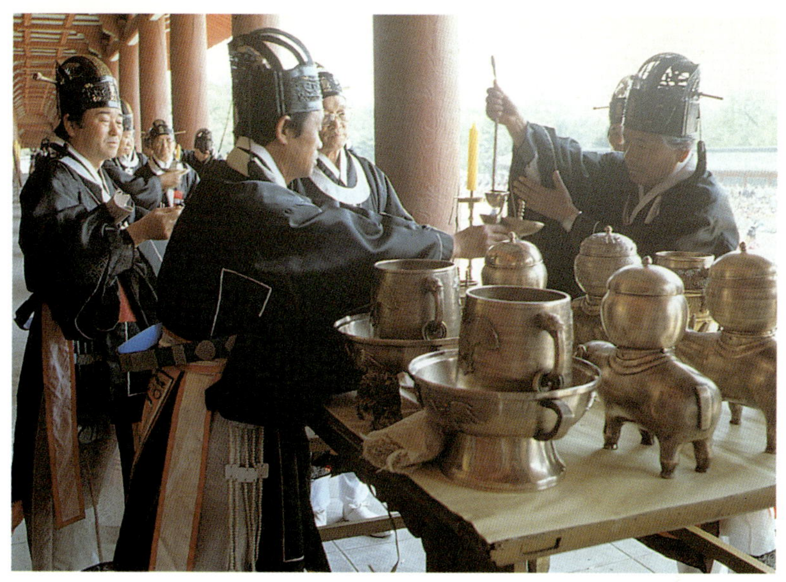

술을 받은 초헌관은 신위 앞에 나가 향을 올린다.

이 망료 자리에 나아가 축문과 폐(幣)를 불사른다. 초헌관이 제자리로 돌아가고 모든 집사가 배 위로 내려가서 국궁 4배하면 예가 끝났음을 알린다. 이로써 종묘 대제의 행례(行禮)는 끝이 난다.

종묘 제례는 모든 제례의 모범인 만큼 진행하는 순서와 절차는 엄격하고 장엄하며 엄숙하게 진행된다. 특히 종묘 제례악은 예를 소중히 여기던 유교 사회에 있어 모든 예악무(禮樂舞)의 표준이 되어 전승되고 있다.

종묘 대제에 거행되는 음악과 무용은 다음과 같다.

종묘 제례에 쓰이는 의상과 소도구의 대부분은 역시 제복과 제사 용구이다. 이것이 국가의 중심적인 큰 제사였던 만큼 웅장하고도 엄격함은 극진하였다. 조선조의 제복은 옛 제도를 이어 조복과 거의 같으나 품수에 따라 각기 달랐다. 후수(後綬, 지난날 예복이나 제복을 입을 때

의식 절차	종묘 제례악		일무
	주악 위치	연주악곡	
영신	헌가(軒架)	보태평-희문, 구성	문무(列文之舞)
진찬	등가(登歌)	보태평-전폐	문무
전폐	헌가	풍안지악-진찬	-
초헌	등가	보태평-희문, 기명, 귀인, 형가, 집녕, 융화, 현미, 용광정명, 중광, 대유,역성	문무
아헌	헌가	정대업-소무,독경,탁정, 선위,신정,분웅,순응,총유,정세,혁정,영관	무무
종헌	헌가	정대업-소무,독경,탁정, 선위,신정,분웅,순응,총유,정세,혁정,영관	무무
철변두	등가	옹안지악-진찬	무무 퇴
송신	헌가	홍안지악-진찬	-

뒤에서 띠 아래로 늘어뜨리던 수 놓은 천)가 특히 그러하였다. 제복과 조복은 구성에서 거의 같았으나 의대(衣襨)의 색상은 달랐다. 조복은 화려한 것을 좇아 적색을 사용하였는데 제복은 어디까지나 소담을 숭상하여 청색을 사용하였다. 그 밖에 대, 홀, 패옥, 버선, 신 등은 제복과 조복이 모두 같았다.

종묘 제례 때 왕은 구장면복(九章冕服)을 착용하였다. 면복은 곧 면류관에 구장복을 뜻한다. 구장복은 겉은 흑색, 안은 청색으로 된 대례복이다. 상의 두 어깨에는 용을 수놓았고 뒤에는 산을 그리고 양 소매에는 화(火), 화충(華蟲), 종이(宗彝)를 그렸다. 왕과 왕세자는 청옥(靑玉)으로 된 홀을 잡았다.

백관의 제복은 양관(梁冠)의 경우 1품은 5량(量), 2품은 4량, 3품은 3량, 4~6품은 2량, 7품 이하는 1량을 썼다. 혁대도 그 품계에 따라 서

대(犀帶), 삽금(鈒金), 소금대(素金帶), 삽은(鈒銀), 소은대(素銀帶), 흑각대(黑角帶) 등으로 다양하였다. 후기에 이르러서는 1품과 2품은 금, 3품과 4품은 은, 5품 이하는 동으로 바뀌었다. 패옥 역시 1~3품까지 번청옥을 쓰고, 4품 이하는 번백옥을 썼다. 홀도 1~4품까지는 상아로 만든 홀을, 5품 이하는 나무로 만든 목홀을 썼다.

종묘에 쓰이는 제기는 63기이다. 대를 엮어 만들고 주로 과실을 담는 변 12기, 고기붙이를 담는 목기의 두 12기, 구리로 만들며 벼나 기장을 담는 내원외방(內圓外方)의 보(簠) 4기, 기장쌀과 핍쌀(찧어서 겉겨를 벗겨낸 쌀)을 담는 외원내방의 궤(簋) 4기, 질그릇으로 만들어 대갱(大羹)을 담는 등(㽅) 6기, 화갱(和羹)을 담는 형(鉶) 6기, 그리고 삼성(三腥)과 삼숙(三熟)을 위한 조(俎)가 각기 6기이다. 작도 6기와 그 밖에 재료, 형태, 용도를 달리하는 22종의 제기〔薦俎, 幣匪 등〕는 대부분 1기씩이다.

각 실의 제물을 보면 다음과 같다.

반(飯)은 도(稻), 양(粱), 서(黍), 직(稷) 4기이며 해(醢)는 녹해(鹿醢), 해해(醯醢), 지해(雉醢), 어해(魚醢) 등 4기이다. 떡〔餠〕은 백편〔白餠〕, 흑편〔黑餠〕, 구이(糗栮), 분자(粉餈), 양식(糧食), 이식(酏食) 등 6기이며 과(果)는 건율(乾栗), 대조(大棗), 호도(胡桃), 송자(松子), 비자(榧子) 등 5기이다.

저(菹)는 구저(韭菹), 근저(芹菹), 청저(菁菹), 길경(桔梗) 등의 4기 그리고 포(脯), 어숙(魚鱐), 형염(形鹽)은 각각 1기이다.

형갱(鉶羹)은 화갱(和羹), 장(醬), 초(醋)로 3기이며 대갱(大羹) 또한 3기이다. 그리고 돈박(豚拍), 비절(脾切)은 각각 1기이며 우성(牛腥), 양성(羊腥), 돈성(豚腥), 천조(薦俎) 등은 각각 1갑이다.

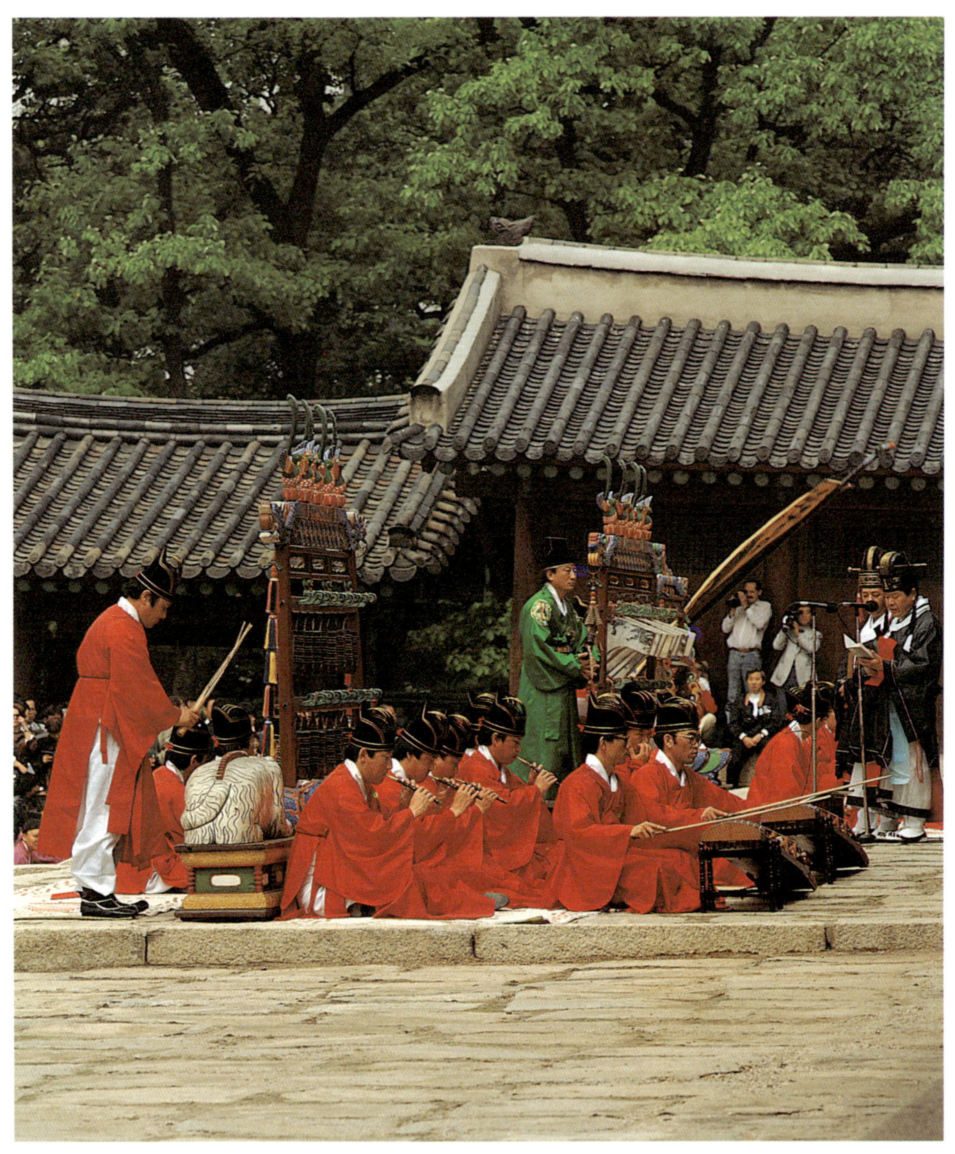

종묘 제례악은 예를 소중히 여기던 유교 사회에 있어 모든 예악의 표준이 되어 전승되고 있다.

마지막으로 번료(燔髎)는 1기, 촉(燭)은 2본, 폐(幣)는 백저(白苧) 15척이며 그 밖에 울창(鬱鬯), 예주(醴酒), 앙제(盎齊), 청주(淸酒), 명수(明水), 현주(玄酒) 등이 있다.

이러한 종묘 제례는 조선왕조의 몰락과 함께 변화를 겪을 수밖에 없었다. 우선 제관이 문제가 되었는데, 본래 5대향이던 것이 일제 때 납향제가 없어져 4대향이 되었고 제향은 야밤에 봉행되었다. 광복을 맞고 한때 대제 자체가 단절되는 공백기도 있었다. 그러다가 1969년부터 사단법인 전주 이씨 대동종약원이 주관이 되어 제향을 올려 왔다. 1975년에 중요무형문화재 제56호로 지정되고 종약원에서는 종묘 대제 봉향위원회를 구성하여 정부의 지원을 받아 매년 5월 첫째 일요일에 대제를 봉행해 오고 있다. 종묘 대제의 보유자로는 사제 역의 이은표(李殷杓, 1914년생)가 있다.

양주 소놀이굿

(楊州소놀이굿)

지정번호 제70호
지정일자 1980년 11월 17일
현보유자 김인기(金仁起, 1914년생)
　　　　　고희정(高熙貞, 1921년생)

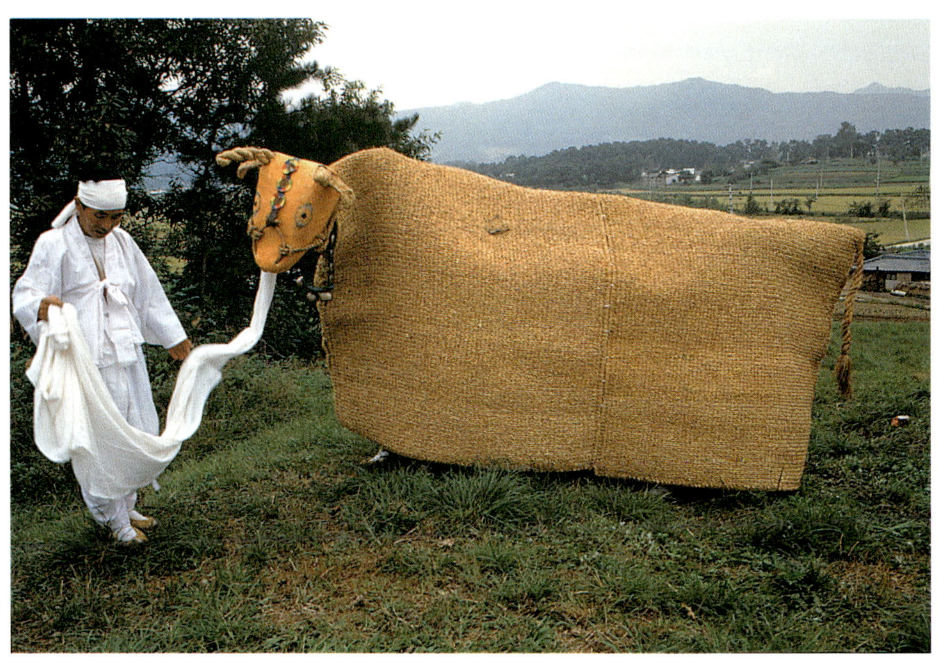

양주 소놀이굿은 경사굿 또는 재수굿류의 제석거리에 붙여 진행되는 부속거리로 농경 의례와 관련이 깊다.

양주 소놀이굿은 경기도 양주군(楊州郡) 일대에 전승되는 소놀이굿이다. 소굿, 쇠굿, 소놀음굿, 마부타령굿 등으로 불리는 양주 소놀이굿의 정확한 기원은 알 수 없다. 그 유래에 관해 몇 가지 설이 구전되어오는데 양주 지방의 감악사(紺岳詞) 유래설, 풍년 기원설, 소장수 번성 기원설, 궁중 의례 유래설, 굿 여흥설 등이 그것이다. 이들은 양주 소놀이굿의 성격을 말해 주고 있으나 직접적인 기원으로 받아들이는 데는 무리가 있다.

소놀이굿은 양주뿐 아니라 서울, 경기도, 강원도, 충청도, 황해도, 평안남도 등의 지역에 널리 분포되어 놀아지던 것으로 경사(慶事)굿 또는 재수굿류의 제석거리에 붙어 진행되는 일종의 부속거리이다. 제석거리는 자손 창성과 수명 장수를 제석신에게 비는 거리이고 곡신(穀神)적 성격을 띤다.

소놀이굿이나 제석거리는 농경 의례와 깊은 관련이 있다. 소를 귀하게 여기고 또 제물로 쓰던 전통적 신앙 관념이 조선왕조에 들어와 재수굿에 수용되고 그 성격상 제석거리에 부속되어 놀아지게 된 것으로 보인다. 그러면서 점차 각종 타령과 놀이를 갖추고 조선 후기에 이르러 오늘날의 연희 형태를 확립하여 전승되어 왔을 것이다.

양주 소놀이굿은 경사굿에서 열세 번째 거리인 제석거리와 열네 번째 거리인 호구거리 사이에 놀아지는데 독립적인 거리로 보기보다는 제석거리의 부속거리로 보는 것이 타당할 것이다.

소놀이굿은 무당과 마부와의 대화, 마부의 타령과 덕담 및 춤과 동작, 그리고 소의 동작 등으로 엮어져 있다. 참여자는 무당과 원마부, 그 밖에 악사와 조무(助巫), 곁마부, 만든 소와 구경꾼들이다.

원마부는 검은 전립을 쓰고 남색 전복을 입고 홍띠를 두른다. 오른손에는 제석 부채를 들고 왼손으로 소의 고삐를 잡는다. 곁마부의 복색은 원마부와 같다. 그러나 보통은 약식으로 하여 복식을 갖추지 않고 손에 채찍을 들고 원마부를 따른다. 무당은 제석거리에서 착용한 신복 차림 그대로, 흰 고깔에 흰 장삼을 입고 오른손에 흰 제석 부채를 든다. 그리고 장구, 피리, 해금을 반주하는 삼잡이가 동원된다.

내용은 주로 마부가 부르는 타령으로 이루어져 있다. 타령의 종류와 연희는 누가 나를 찾나, 마부 노정기, 보물타령, 마부 대령 인사, 소의 머리치레, 절타령, 소 뿔치레, 소 귀치레, 소 눈치레, 소 입치레, 소 이치레, 소 혀치레, 소 꼬리치레, 소 다리치레, 소 굽치레, 소 마모색치레, 소 글가르치기, 마부 복식치레, 소의 굴레치레, 잡곡타령, 소 흥정타령, 말뚝타령, 소장수 마누라타령, 성주풀이, 축원과 덕담, 살풀이의 순으로 불려진다. 사이사이에 무당과 마부의 사설이 끼어든다.

전체적 구성을 보면, 소와 마부가 등장하고 소 마모색타령을 한 다음 소 흥정타령으로 이어진다. 다음으로 성주풀이와 축원으로 짜여져 있다.

제석거리가 끝나면 장구 앞의 목두(木斗)에 콩을 수북이 담는다. 그리고 소 고삐를 맬 말뚝이라 하여 북어 한 마리를 꼬리를 밑으로 하여 거기에 꽂아 놓는다. 악사와 장구를 맡은 조무는 마당을 향해 앉는다. 소가 들어오기 전에 서주(序奏)가 굿거리장단을 울리면 흰 고깔을 쓰고 흰 장삼을 입은 주무(主巫)가 오른손에 흰 제석 부채를 들고 마루 끝에 나와 선다.

이렇게 시작되는 소놀이굿은 먼저 송아지가 춤추며 들어와 마당을 돌다가 굿청에 뛰어들어 무녀의 입을 맞추는 등 장난한다. 무당이 소장수를 부르면 송아지가 대문을 향해 마부와 소를 인도해 들이는 시늉을 한다. 원마부는 전립과 홍띠를 두르고 오른손에 삼신 부채를 들고 소의 고삐를 잡고 들어온다. 곁마부가 채찍을 들고 원마부를 따른다.

마부가 소장수가 뭐냐고 따지자 무당이 소장수 서방님이라 부르고, 마부는 '누가 나를 찾나' 타령을 부른다. 이어 소장수의 이름을 묻는 무당의 물음에 마부는 타령조로 '성명풀이'를 한다. 그리고 '마부 노정기', '보물타령', '마부 대령 인사' 등의 사설과 타령이 진행된다.

이로써 분위기가 어느 정도 무르익으면, 소의 마모색에 대한 타령으로 넘어간다. 소의 머리, 뿔, 귀, 눈, 입, 이, 혀, 꼬리, 다리, 굽, 색(色)을 타령으로 소개하고 '소의 장식치레'를 거쳐 '잡곡 농사 씨타령'으로 끝난다. 이들은 모두 무당의 물음에 마부가 사설이나 타령으로 답하는 형식을 취하는데, 무당과 마부의 대화에는 익살이 그득하다. 그

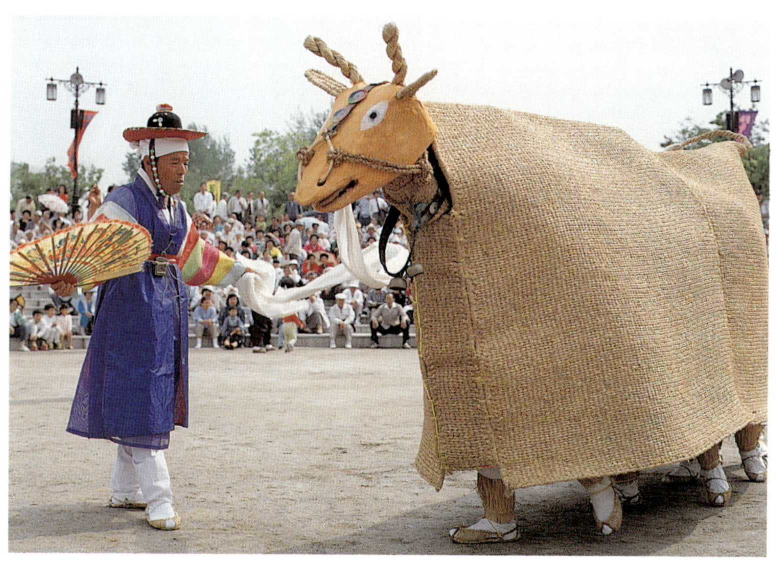

제석거리가 끝나면 흰 장삼을 입은 주무가 오른손에 흰 제석 부채를 들고는 소장수를 청해 들인다.

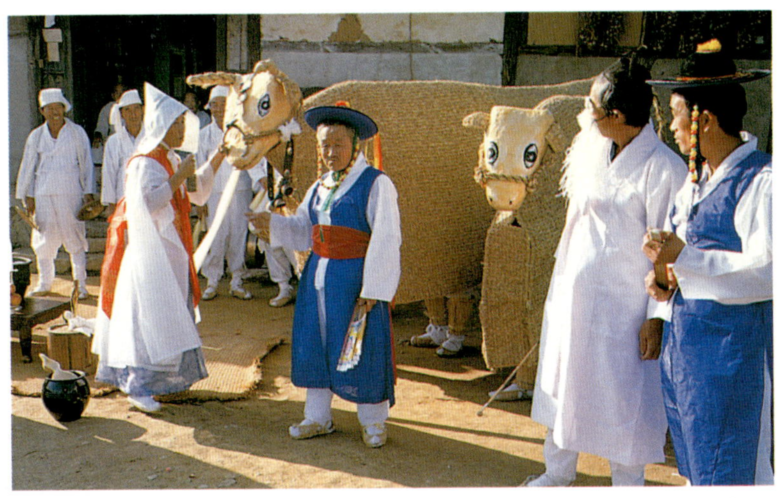

소놀이굿의 의상과 도구는 비교적 단순한 편이나 소와 송아지의 제작과 치장은 특기할 만하다.

사이사이에 타령이 끼어드는데 예를 들면 '소의 머리치레'에 이어 대청의 성주신에게 인사를 드리는 '절타령'이 있고, 타령이 끝나면 소가 대청마루를 향해 성주신에게 세 번 절한다.

소 흥정에서는 무당이 먼저 흥정을 걸고 마부는 '소 흥정하는 대목'을 부른다. 이에 무당은 그 집주인을 내세워 콩이 담긴 목두에 꽂아 놓은 북어에 명주끈으로 된 고삐를 걸게 하고 소값으로 마부에게 돈을 주게 한다. 이때 마부는 '말뚝타령'을 부른다. 소 흥정이 진행되는 동안 술을 마실 경우에는 '뜸물타령'을 부르기도 한다. 소의 흥정에 '소 장수 마누라타령'이 곁들여지는 수도 있다.

소 매매가 끝나면 소놀이굿은 종반에 접어든다. 이제 '성주풀이' 및 '과거풀이'와 축원으로 소를 산 집이 잘되기를 기원한다. 마지막으로 살풀이를 해서 살을 막아 주는 것으로 소놀이굿은 막을 내린다.

소놀이굿의 의상과 도구는 비교적 단순한 편이나 소와 송아지의 제작과 치장은 특기할 만하다. 소를 만드는 재료로는 고무래, 종이, 명주 또는 광목과 짚신, 고무신, 짚, 멍석 등을 사용한다.

쇠머리는 고무래에 짚을 싸서 윤곽을 잡고, 소 얼굴 모양을 백지에 그려 붙인다. 귀와 혀는 짚신이나 고무신 바닥으로 만들고, 고삐는 명주 또는 광목으로 한다. 큰 멍석을 반으로 접어 소 몸뚱이를 만들고는 그 안에 대여섯 명이 들어간다. 뿔은 짚을 꼬아 만든다. 이렇게 소 만들기가 끝나면 얼굴 길이 50센티미터, 몸 길이 320센티미터, 꼬리 길이 125센티미터 정도의 큰 소가 만들어진다. 송아지의 재료나 제작 방법은 큰 소 제작과 같고 단지 크기가 다를 뿐이다. 소도구로는 고삐를 맬 말뚝이 필요하다. 이 말뚝으로 콩이 수북이 담긴 목두에 꽂아 놓은 북어 한 마리를 선택한다.

양주 소놀이굿은 양주의 무부(巫夫) 팽수천(彭壽天, 1901~1937년)에 의하여 이 지역에 전승되었다. 그의 곁마부로서 마부타령을 배운 우용진, 고관성, 오복삼 등과 우용진에게서 배운 조만봉이 양주 소놀이굿의 맥을 이어 왔으나 지금은 모두 타계하였다. 1980년 11월 양주 소놀이굿이 중요무형문화재 제70호로 지정되었을 때는 조만봉의 곁마부 역을 맡았던 김인기(金仁起, 1914년생)가 원마부 역으로, 고희정(高熙貞, 1921년생)이 악사 보유자로 인정을 받았다. 보유자 후보로는 무당 역의 김봉순, 악사 역의 김병옥, 송아지 역의 김남강, 곁마부 역의 김환익이 있다.

제주 칠머리당굿
(濟州칠머리당굿)

지정번호 제71호
지정일자 1980년 11월 17일
현보유자 김윤수(金允洙, 1946년생)

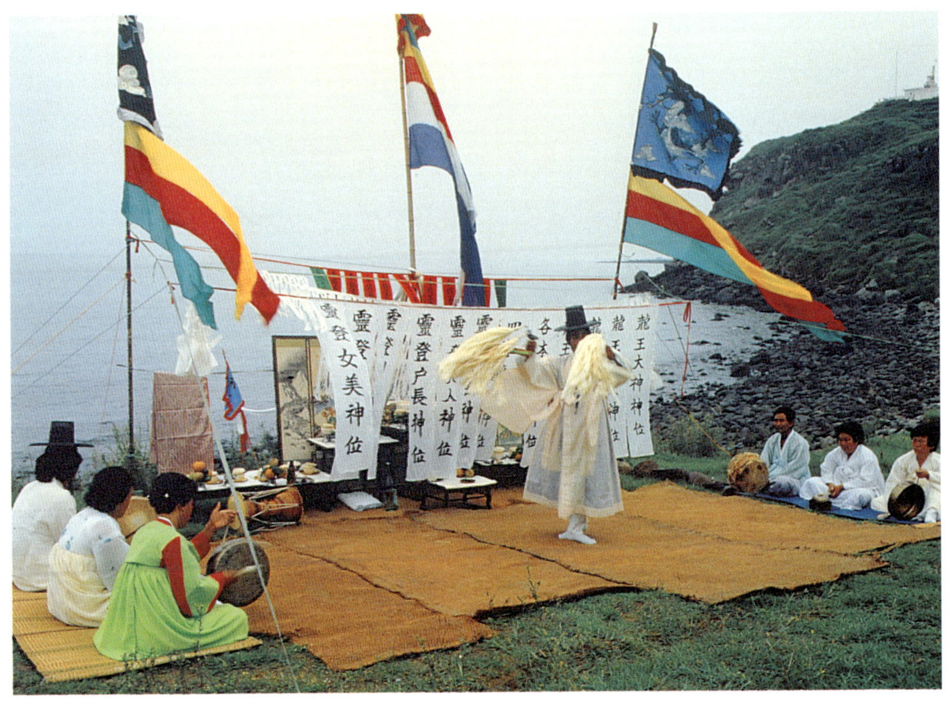

해상의 안전과 어업의 풍요를 기원하는 제주 칠머리당굿은 용왕신과 영등신을 대상으로 한다.

칠머리당굿이란 제주시 건입동(健入洞)의 본향당굿을 말한다. 본향당은 마을을 수호하는 당신(堂神)을 모신 곳으로 건입동의 본향당을 칠머리당이라 부르는 것은 그 지명에서 유래된 것이다.

칠머리당의 신은 '도원수감찰지방관(都元帥監察地方官)'과 '용왕해신부인(龍王海神夫人)'으로 칠머리당굿은 이들 두 수호신을 위하는 굿이며 동시에 영등신을 대상으로 한 굿이다. 앞의 두 신은 부부신으로서 남편인 도원수감찰지방관은 마을 전체의 토지, 주민의 생사, 호적 등 생활 전반을 수호하고 부인인 용왕해신부인은 어부와 해녀의 생업, 그리고 외지에 나가 있는 주민들을 돌보아 준다고 한다.

영등신은 어부나 해녀의 해상 안전과 생업의 풍요를 주는 신으로 음력 2월 초하루에 제주를 찾아와 해녀의 채취물인 미역, 소라, 전복 등의 씨를 뿌려 풍요를 주고 2월 15일에 본국인 강남천자국 또는 외눈백이섬으로 돌아간다고 한다.

건입동은 본래 제주성 밖의 자그마한 어촌으로 주민의 생업은 어업이었다. 따라서 본향당신과 더불어 영등신을 중요하게 여겼고, 그 결과 본향당굿을 영등굿으로 하게 되었다.

『신증동국여지승람(新增東國輿地勝覽)』(1530년)에 영등굿에 대한 기록이 남아 있다. "2월 초하루 귀덕(歸德), 김녕(金寧) 등지에서는 나뭇대 열두 개를 세워 신을 맞이하여 제사를 지낸다. 애월(涯月)에 사는 사람들은 뗏목 모양을 말의 머리와 같게 만들어 비단으로 꾸미고 약마희(躍馬戲)를 해서 신을 즐겁게 하였다. 보름이 되어야 끝내니 이를 연등(然燈)이라 한다"는 기록이 그것인데, 이는 영등을 연등이라 한 것 이외에는 제일(祭日)이나 승선 금지 관습 등이 오늘날의 영등굿과 일치한다. 이로 미루어 볼 때 칠머리당의 영등굿은 조선 초기에 행

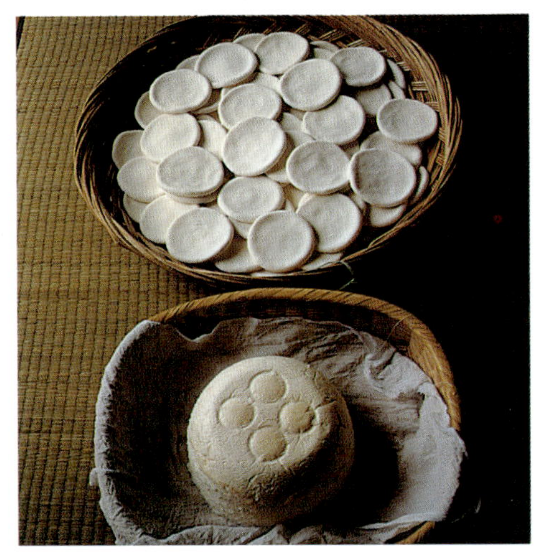

당굿에 사용되는
제물

해진, 오랜 역사를 가진 굿임을 알 수 있다.

칠머리당굿은 매년 두 번 치러지는데 2월 초하루에 영등 환영제를 하고 2월 14일에 영등 송별제를 한다. 주민들은 영등신이 이날 칠머리 당에서 환영제보다 더 성대한 송별제를 받고, 이튿날인 15일에는 구좌읍 우도(牛島)에서 또 송별제를 받은 뒤 떠난다고 믿는다. 환영제 때는 큰 배를 부리는 집안이나 신앙심이 깊은 이들만 모여서 간소하게 굿을 하고 대개 오전 중에 굿이 끝나는 데 비해 송별제는 어업 관계자와 해녀, 그 밖의 신앙민들이 많이 모인 가운데 하루 종일 큰굿으로 놀아진다.

칠머리당굿의 제차(祭次)는 초감제—본향듦—용왕맞이—마을 도액막음—씨드림—배방선—도진으로 짜여져 있다.

초감제는 소위 1만 8천 신이라는 모든 신을 일제히 청하여 축원하는 제차이다. 초감제 안에는 베포도업침, 날과 국 섬김, 연유닦음, 군문열

림, 분부사룀, 새다림, 정대우, 열병올림 등의 작은 제차가 포함되어
있다. 정장한 수심방이 노래와 춤으로써 신을 청하여 언제, 어디서, 누
가, 무슨 연유로 굿을 하게 되었음을 고하고 청해 들인 신들을 좌정시
킨다. 그리고 난 다음 굿에 참가한 모든 집안의 무사 행운을 차례차례
축원해 준다.

본향듦에서는 본향당신을 청하여 기원하고 즐겁게 놀린다. 도원수
감찰지방관과 용왕해신부인을 제장으로 모셔 좌정시키고 군복 차림
을 한 수심방이 신칼과 요령을 들고 서서 베포도업침, 날과 국 섬김,
연유닦음을 노래와 춤으로 엮어 나간다. 여기까지는 초감제와 같다.
다음 군문열림에서는 본향당신의 문만 연다.

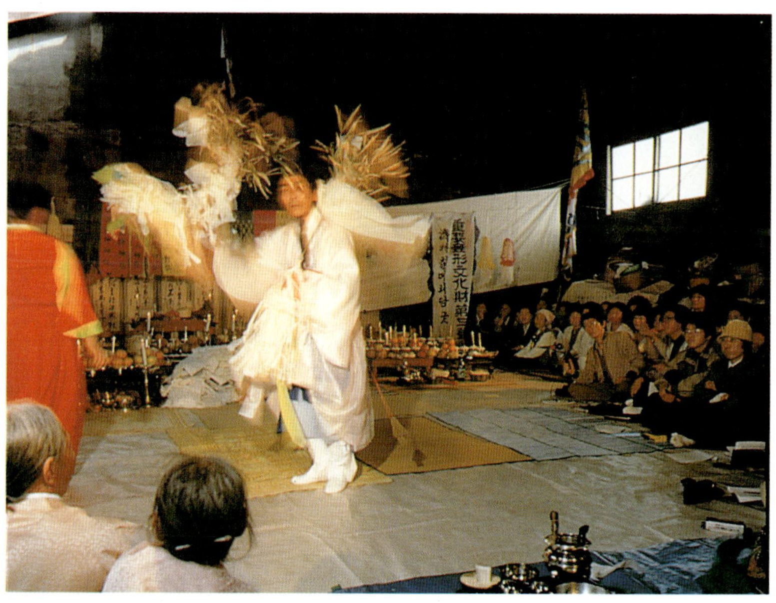

초감제는 정장한 수심방이 노래와 춤으로써 신을 청하여 노는 굿이다.

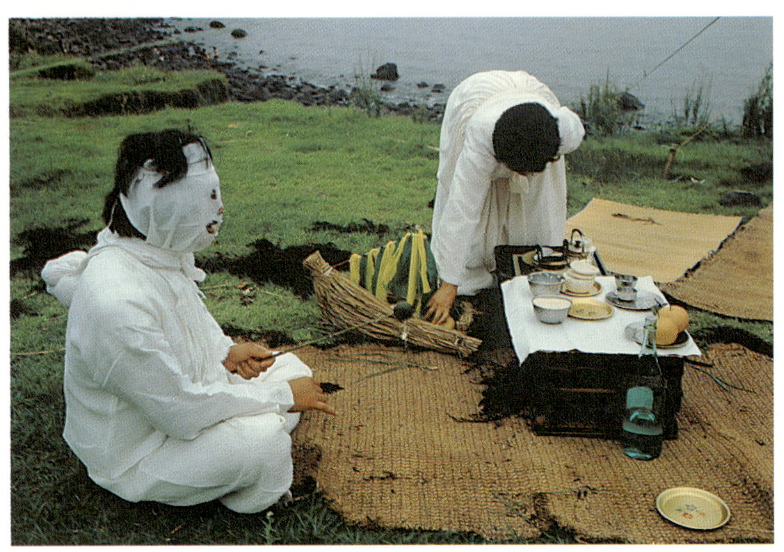

방광침은 바다에서 죽은 영혼을 술로써 위로하고 용왕신에게 이들의 천도를 기원하는 것이다.

이어 본향당신을 청해 들이는 신청궤를 노는데, 먼저 본향당신을 따라온 잡신(군벵)들을 잘 대접하고 나서야 본향당신을 모신다. 본향당신이 들어와 좌정하면 상선 대표, 중선 대표, 해녀 대표 각 한 명이 3헌관이 되어 역사상(폐백상)을 올리고 배례한다. 이어 자손들 소지올림, 도산받아 분부사룀, 석살림을 행한다.

도산받음이란 마을 전체의 일년 운수를 무점(巫占)으로 알아보는 것이고 석살림에서는 흥겨운 가락과 춤으로 신을 즐겁게 놀리고 기원한다.

용왕맞이는 용왕신과 영등신을 제장으로 맞아들여 해상의 안전과 어업의 풍요를 기원하는 절차이다. 이때 제장에는 1미터 정도의 푸른 댓가지를 여덟 개씩 2열로 꽂고 거기에 백지, 지전, 돈 등을 걸어 놓는다. 댓가지는 용왕과 영등신이 오는 문을, 그리고 그 댓가지 사잇길은 신들이 오는 길을 상징한다. 이때 군문열림까지는 앞의 순서와 비슷하

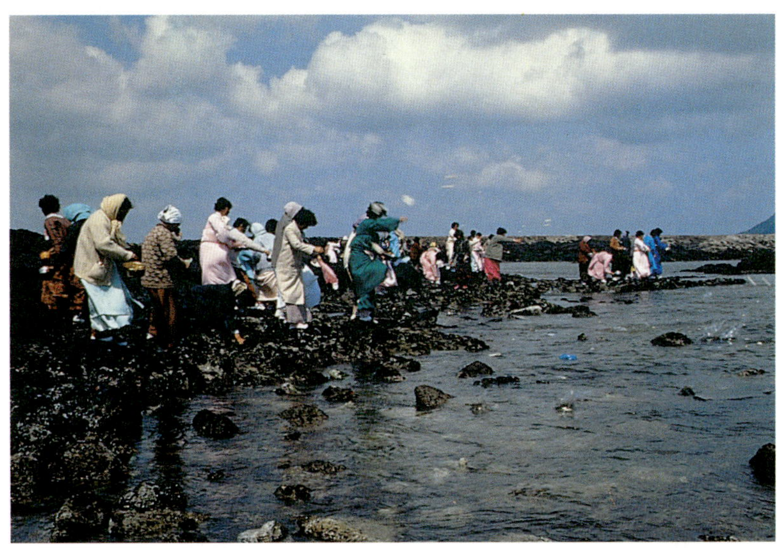

씨드림은 해녀 채취물의 씨를 바다에 뿌려 많이 번식하게 하는 절차이다.

고 이어 용왕질침, 신청궤, 나까도전침, 방광침, 용왕문열림, 지아룀까지 논다.

방광침은 해녀 작업이나 고기잡이 도중 바다에서 죽은 영혼들에게 술을 대접해 위로하고 용왕신에게 이들의 천도를 기원하는 것이고, 지아룀에서는 제물을 백지에 싸서 던지며 용왕신과 바다에서 죽은 영혼을 대접한다.

마을 도액막음은 일년 동안 마을 전체의 모든 액을 막음으로써 행운을 얻게 한다. 심방이 액막이상을 내놓고 '사만이본풀이'를 노래한다. 이 본풀이를 근거로 주민의 무사를 빌고 그 사람 목숨 대신 닭을 잡아가도록 수탉을 죽여 당 밖으로 내던진다.

씨드림은 파종(播種)이란 뜻으로 해녀 채취물의 씨를 바다에 뿌려 많이 번식하게 하는 절차이며, 해녀들은 바다에 좁씨를 여기저기 뿌려 채취물의 번식을 도모한다. 그뒤 다시 돗자리에 좁씨를 뿌려 그 밀도

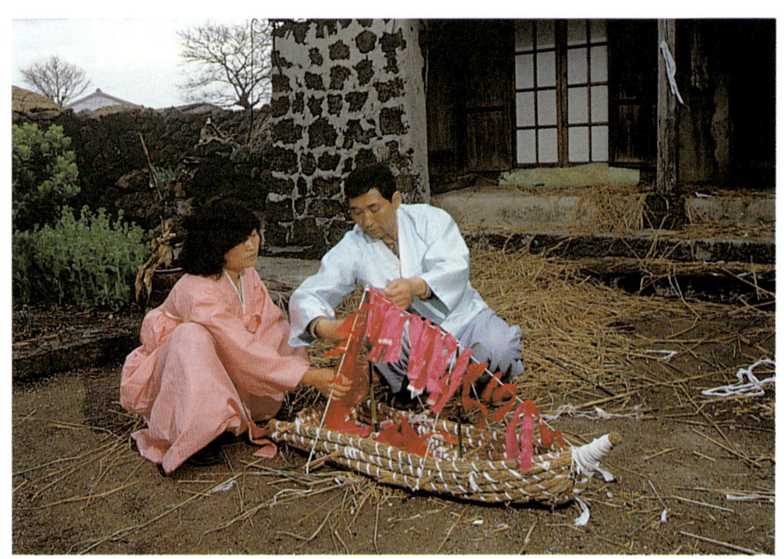

배방선 절차에서는 영감놀이를 한 다음 작은 배를 만들어 이 배를 동쪽으로 띄워 보낸다.

를 보아 채취물의 풍흉을 점친다.

영등신을 배에 태워 본국으로 행장을 차려 보내는 것이 배방선 절차이다. 먼저 영감놀이를 한 다음 짚으로 만든 자그마한 배에 재물을 조금씩 싣고 이 배를 어선에 실어 바다 멀리 나아가 동쪽으로 띄워 보낸다. 도진은 배방선을 하고 돌아와 청하였던 모든 신을 돌려보내는 절차로 평복 차림의 심방(무당 또는 제주)이 송신하는 사설을 노래로 부른다.

칠머리당굿에 쓰이는 도구로는 대와 기가 있다. 큰 대는 제장(祭場)의 북쪽 벽에 세워 기를 다는데 가운데 것은 월덕기, 좌우의 것은 각각 좌둑기, 우둑기라 부른다. 큰 대를 무명으로 서로 묶고 매어 제단에 연결해 놓은 것을 다리라 부른다. 큰 대에다 각 선박의 기를 달아 매어

휘황하게 하거나 오방기를 달아 두는 경우도 있다.

배방선에서는 짚으로 만든 배가 사용된다. 이 밖에 선주의 집에서는 '선왕다리'라 하여 시렁목 한 필에 선박의 이름과 가족의 이름을 적은 것을 마련해 온다.

제주 칠머리당굿은 1980년 11월 중요무형문화재 제71호로 지정되었다. 김윤수(金允洙, 1946년생)가 무가 보유자로 인정되어 있고 조교 고순안은 악사, 교육 보조자 이용순은 무녀로 인정되어 있다.

진도 씻김굿 (珍島씻김굿)

지정번호 제72호
지정일자 1980년 11월 17일
현보유자 박병천(朴秉天, 1933년생)
　　　　　채계만(蔡桂滿, 1915년생)
　　　　　김대례(金大禮, 1935년생)

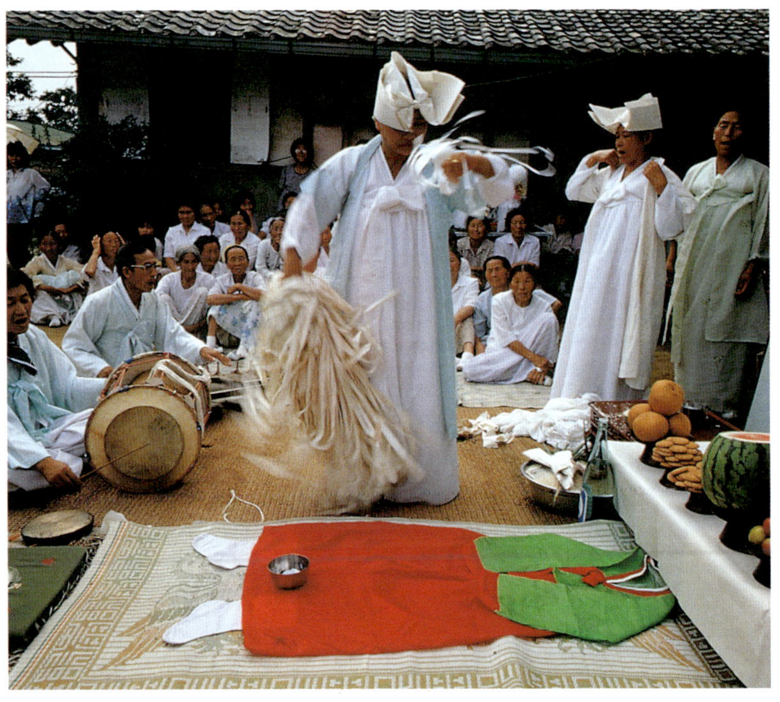

진도 씻김굿은 이승에서 풀지 못하고 맺혀 있는 망자의 한을 풀어 주어 극락왕생하도록 기원한다.

　진도 씻김굿은 이승에서 풀지 못하고 맺혀 있는 망자의 원한을 풀어 주어 망자가 극락왕생(極樂往生)하도록 기원하는 진도 지역의 굿을 말한다. 이런 의미의 망자 의례는 한반도 전지역에 두루 분포되어 있고, 그 역사는 삼국시대와 통일신라시대까지 거슬러 올라간다. 그러나 씻김굿에 시왕(十王) 신앙, 제석굿 등 불교적인 요소가 강력하게 자리하고 있는 것으로 보아 씻김굿은 고려시대에 형성되어 조선시대를 거치면서 오늘날의 형태로 확립된 듯하다.

　씻김굿에는 시간과 장소에 따라 그 내용을 달리하는 굿이 여럿 있다. 초상이 났을 때 시신 옆에서 행하는 곽머리 씻김굿, 소상(小祥)날 밤에 하는 소상 씻김굿, 이런 씻김굿을 제때 못 하였거나 집안에 우환이 심해 벌이는 날받이 씻김굿, 초분(草墳) 뒤에 묘를 쓸 때 행하는 초분 이장 때의 씻김굿, 집안의 경사에 대해 조상의 은덕을 기려 벌이는 영화 씻김굿, 물에 빠져 죽은 이의 넋을 건져 한을 풀어 주는 넋 건지기굿, 총각이나 처녀로 죽은 이들끼리 결혼시키는 저승 혼삿굿 등이 여기에 속한다.

　이렇듯 다양한 굿의 종류에 따라 굿의 내용과 순서가 약간씩 다를 수밖에 없지만, 가장 일반적인 순서는 다음과 같다.

　먼저 굿날이 조왕(竈王, 민간의 부엌을 맡은 신)의 하강일(下降日)이거나 도회(都會)일 때 조왕반을 행한다. 다음 조상께 부정을 물리고 신들에게 굿하는 목적을 고하는데, 객사한 경우에는 그 떠도는 혼을 불러들이는 혼맞이굿과 씻김의 주인공인 망자와 조상, 그리고 망자의 생전 친구였던 이를 청하는 초가망석굿을 행한다. 이때 불러들인 영혼을 흠향하게 하는 처올리기를 한다.

　손님굿에서는 먼저 천연두신인 마마신을 불러 대접하는 경우와 망

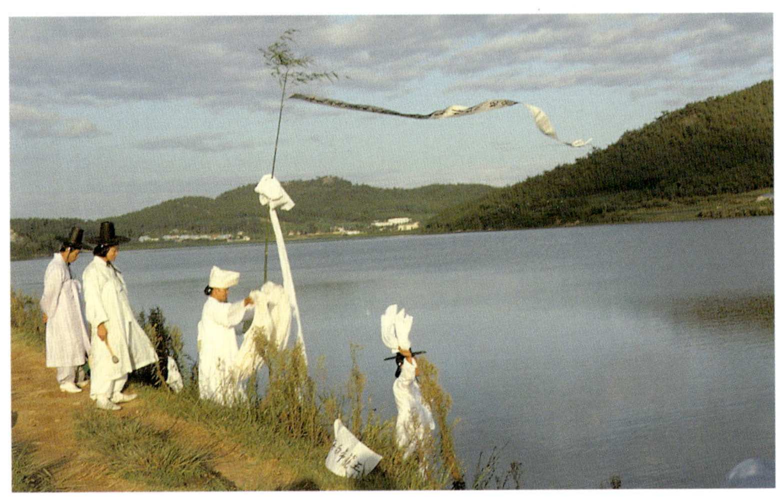

넋 건지기는 물에 빠져 죽은 이의 넋을 건져 한을 풀어 주기 위한 굿이다.

자의 생전 친구였던 이들의 혼을 불러들여 놀린다. 제석님께 고하는 제석굿이 끝난 다음엔 원한을 상징하는 고를 풀어 가며 영혼을 달래 주는 고풀이와 시신의 영돈을 마는 영돈말이가 이어진다. 이때 영돈을 맑은 물로 깨끗이 씻어 극락왕생을 기원하는 이슬털기를 한다. 이것을 '씻김'이라고도 하는데 이 대목이 씻김굿의 중심 대목이다.

씻김이 끝난 다음엔 영돈 위의 넋을 끄집어내어 손에 들고 시왕풀이와 이승에서의 모든 원한을 풀어 주는 넋풀이, 억울한 한의 넋두리를 풀어 주는 동갑풀이, 약을 구하지 못해 죽은 한을 풀어 주는 약풀이를 행한다. 그리고 망자의 한이 풀어졌는지를 보는 넋올리기와 가족이니 친척이 잡은 손대를 통해 망자의 혼이 내려 이승의 한을 말하는 손대 잡이를 행한다. 그 다음 저승에서의 육갑(六甲)을 풀어 주는 희설과 극락으로 가는 길을 깨끗이 닦아 주는 길닦음이 끝나면, 마지막으로 망자의 혼을 배송(拜送)하는 종천으로 씻김굿은 마무리된다.

조왕반은 굿날이 조왕의 하강일을 지나 조왕의 도회일 때만 행하는

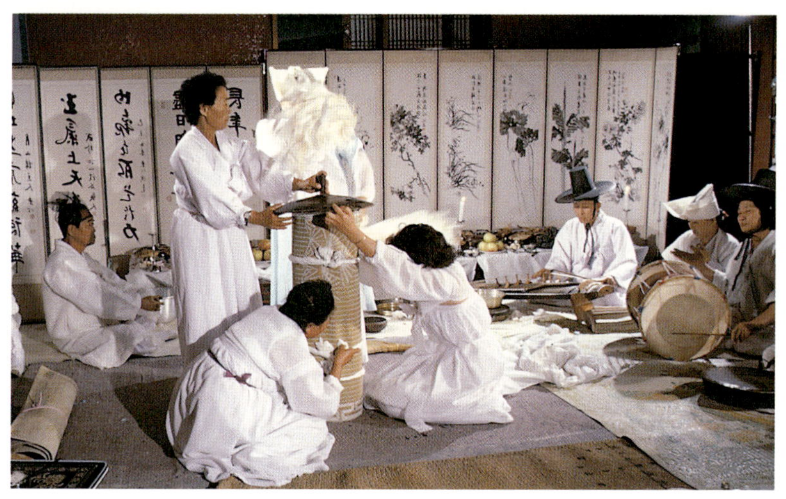

이슬털기는 영돈을 맑은 물로 깨끗이 씻어 극락왕생을 기원하는 절차이다.

것으로 흔히 볼 수 있는 것이 아니다. 안당은 조상들에게 누구를 위한 굿인지를 고하는 굿이며 혼맞이는 객사한 망자의 씻김굿을 할 때라야 놀아진다. 객사자의 혼은 집으로 들어오지 못하므로 그 집의 대문 밖 길이나 마을 앞에서 이 굿을 한다. 초가망석에서는 주인공인 망자와 조상, 망자의 생전 친구였던 이의 혼을 불러들인다. 그리고 이어 쳐올리기를 하며 그 불러들인 영혼들을 즐겁게 해 주고 흠향하게 한다.

손님굿은 두 가지 복합적인 뜻을 갖는다. 하나는 천연두신인 마마신을 불러 대접하는 것이고, 다른 하나는 망자의 생전의 친한 친구들 영혼을 불러들여 즐겁게 해 주는 것이다. 그러나 후자의 경우 손님굿을 하지 않는 곳이 많다.

제석굿은 진도 지방 굿의 중심적인 굿으로 어느 형태의 굿에서나 반드시 행해진다. 제석굿 속에는 여러 대목이 있다. 제석 근본을 찾는 대목, 제석맞이, 제석이 하강하여 팔도강산을 유람하는 대목, 시주받기, 명당터잡기, 성주터잡기, 지경다지기, 집짓기, 입춘붙이기, 성주경, 벼

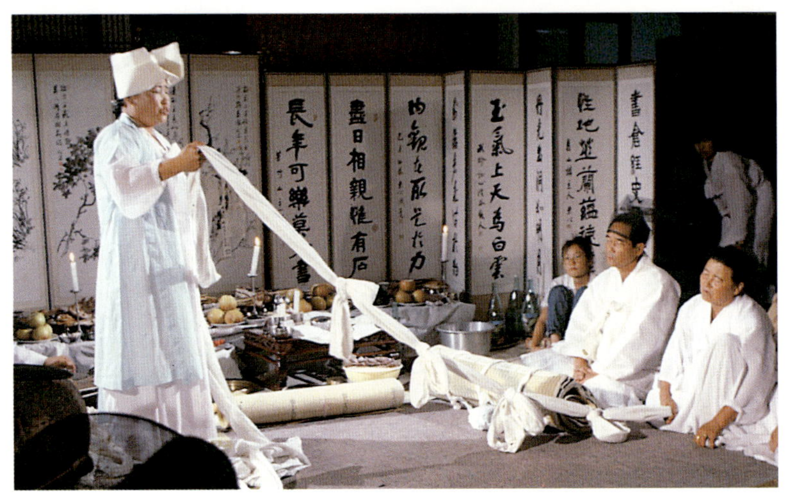

고풀이에서는 한과 원한을 상징하는 일곱 개의 고를 하나씩 풀어 가며 영혼을 달래 준다.

슬궁, 축원, 노적청, 업청, 군웅, 조상굿, 액막음 등이 그것이다.

고풀이에서는 한과 원한을 상징하는 고를 기둥에 묶어 놓았다가 하나씩 풀어 가며 영혼을 달래 준다. 영돈은 시신을 상징한다. 망자의 옷을 만들어 돗자리나 가마니 위에 펼쳐 놓고 이 영돈을 똘똘 말아 일곱 매듭을 묶어 세우고 영돈말이를 논다. 그 다음 이슬털기는 '씻김' 이라고도 하는데 씻김굿의 중심 대목이다. 영돈을 맑은 물로 깨끗이 씻어 극락왕생을 기원한다.

왕풀이는 영돈 위에 있었던 넋을 끄집어내어 손에 들고 시왕풀이를 하는 것이다. 넋풀이에서는 이승에서 맺힌 원한을 모두 풀어 준다. 동갑네들은 아직 살아 있는데 혼자서만 죽은 억울한 혼의 넋두리를 풀어 주는 대목이 동갑풀이이다.

약풀이는 망자가 약을 구해 먹지 못해 죽었을 경우 행하는 굿거리이다. 넋올리기는 망자의 한이 풀어졌는지를 보는 대목이다. 굿을 하는 집주인의 머리에 넋을 올려 놓고 당골(무당)이 들고 있는 지전에 따라

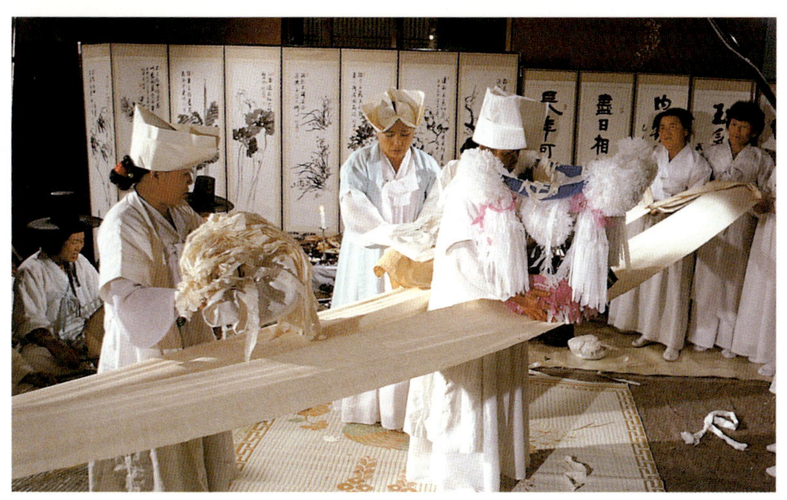

길닦음은 넋을 넣은 놋주발로 길을 닦듯 천을 문지르며 하직을 고하는 절차이다.

그 넋이 올라오면 한이 풀린 것으로 여긴다.

소쿠리에 쌀을 담아 놓고 그 위에 대를 세워 놓은 것을 '손대'라 한다. 망자의 가족이나 친척이 이 손대를 잡고 있으면 망자의 혼이 내려 이승에서 맺혔던 원한을 모두 이야기한다.

희설은 저승의 육갑(六甲)을 풀어 주는 대목이다. 그 다음 질베 삼삼척(三三尺)을 큰방 문에서부터 대문 쪽으로 펴 놓고 그 위에 넋을 넣은 놋주발(행기)로 길을 닦듯 문지르면서 하직을 고하는 길닦음이 있다. 끝으로 태워야 할 물건을 대문 밖으로 가지고 나와 불사르면서 당골 혼자 징을 두드리며 망자의 혼을 배송한다. 이것이 씻김굿의 마지막 대목인 종천이다.

진도 씻김굿의 음악은 육자배기를 주로 하고 악기로는 피리, 대금, 해금, 장구, 징으로 편성된 삼현육각을 쓴다. 1980년대 이래 가야금, 아쟁, 북이 더해지기도 하고 때로 정주나 바라가 보조 악기로 사용된다. 무가(巫歌)의 형식은 홀로 부르는 통절(通節) 형식과 선소리를 메기고 뒷소리로 받는 장절(章節) 형식으로 되어 있다. 선율의 부침새와 여러 세련된 가락 구성을 구사하여 음악이 매우 흥겹고 아름답다.

의상은 흰 고깔에 흰 버선, 흰색 치마저고리 위에 흰 장삼을 입고 다홍 띠를 오른쪽 어깨에서 왼쪽 허리로 빗겨 걸치는데 다른 지역의 것에 비해 소박하다. 춤은 망자의 한을 풀어 주는 지전(紙錢)춤을 위주로 하는데, 다른 지역의 무당춤과는 달리 발을 올리거나 뛰는 동작이 없다. 제자리에 거의 정지한 동작으로 감정을 맺고 그것을 적절히 얼렀다가 우아하게 풀어낸다.

진도 씻김굿에 사용되는 도구로는 굿청 차림에 쓰이는 병풍, 액그릇, 지숙, 혼배, 질베, 쑥물과 향물, 빗자루, 누룩, 동백떡, 청계수, 매듭띠, 행기, 명주천 등과 정주, 신칼, 손대, 넋지전, 넋당석 등의 무구이다. 쑥물, 향물, 청계수는 빗자루와 함께 이슬털기에서 쓰인다. 옛날에는 길닦음에서 '반야용선' 이라는 배를 만들어 그 속에 넋을 넣고 문지르면서 놀았다.

진도 씻김굿은 1980년 11월 중요무형문화재 제72호로 지정되었다. 무가 보유자인 박병천(朴秉天, 1933년생)은 수대로 이어져 온 무가(巫家)에서 태어나 부모에게서 여러 가지 굿을 배웠다. 그 밖에 아쟁의 채계만(蔡桂滿, 1915년생)과 무가의 김대례(金大禮, 1935년생)가 보유자로 인정되었다. 보유자 후보로는 장구의 박병원이, 무가의 정숙자는 조교로, 악사 김오현은 보조자로 진도 씻김굿의 전승과 보존을 돕고 있다.

풍어제 (豊漁祭)

지정번호 제82호

제82-가호 동해안 별신굿

제82-나호 서해안 배연신굿 및 대동굿

제82-다호 위도 띠뱃놀이

제82-라호 남해안 별신굿

지정일자 1985년 2월 1일

1987년 7월 1일

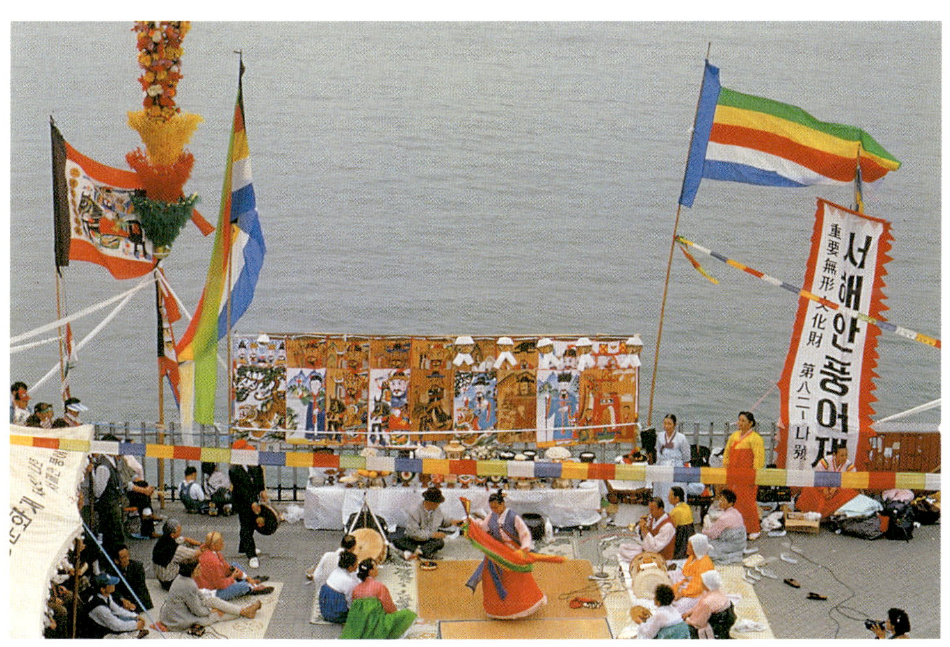

해안, 도서 지방의 어촌에서 행하는 풍어제는 풍어와 마을의 안녕을 위한 제의이다.

풍어제(豊漁祭)는 각 해안, 도서(島嶼, 바다에 있는 크고 작은 여러 섬) 지방의 어촌에서 풍어를 빌기 위해 행하는 굿이다. 이 굿은 풍어뿐만 아니라 마을의 풍요와 다산, 안녕과 번창 등을 신에게 기원하며 지내는 마을 제사이지만 바다와 어로(漁撈)라는 지리적인 환경과 생업 조건 때문에 굿의 성격도 강하게 지닌다.

풍어제는 뱃고사 형태의 개인 제의(祭儀)와 별신굿이나 대동굿과 같은 마을 전체의 공동 제의로 구분할 수 있으며 지역에 따라 형태나 특징이 조금씩 다르게 나타난다. 뱃고사 형태의 개인 제의는 배를 가진 선주들이 무당을 불러 자기 배에서 배와 선원의 무사고와 풍어를 기원하는 것이다.

마을 전체의 공동 제의인 별신굿은 동해안과 남해안 지역에서 유식(儒式) 형태의 당제(堂祭) 뒤에 무당에 의해 굿거리로 행해지는 마을 제사를 말한다. 동해안 지방에서는 간단한 형태이기는 하나 가정에서 조상에게 차례를 지내듯이 배서낭에게 고사를 지낸다. 이에 비해 남해안 지방에서는 신에게 적극적으로 생명의 안전과 풍어를 기원한다.

한편 서해안 지방에서는 별신굿이란 명칭 대신 마을 이름과 제당(祭堂) 이름을 함께 붙여서 부르거나 대동제, 대동굿, 띠뱃놀이 등으로 부르며 각기 다르게 사용되고 있다. 특히 서해안의 배연신굿과 대동굿은 무당 중심의 풍어제 가운데 그 규모가 가장 크고 화려하며 뛰어난 축제성을 지니고 있다. 또한 위도의 경우도 띠뱃놀이라 하여 풍어를 기원하는 제의를 거행한다.

이와 같이 풍어제는 해상에서의 안전과 풍어라는 이중적 부담을 지닐 수밖에 없는 어촌에서 발생한 것으로 시간이 지나면서 마을마다 지역의 특색에 맞는 형태로 정착되었다. 이처럼 풍어제는 무의식(巫儀

式)에 따르는 춤과 노래와 굿이 한자리에서 벌어지고 바다 생활에 있어서의 협동의 일체감을 기약하는 계기가 되고 있다. 풍어제를 지냄으로써 어부들은 신의 가호를 믿고 바다에 나아가면 만선할 것을 기대하게 된다.

동해안 별신굿(東海岸別神굿)

지정번호 제82-가호
지정일자 1985년 2월 1일
현보유자 김석출(金石出, 1922년생)
　　　　　 김유선(金有善, 1935년생)

　동해안 별신굿은 풍어제의 성격을 갖는 일종의 마을굿이다. 풍어제란 한국의 각 해안, 도서 지방에서 마을의 평안과 풍어를 기원하는 제사를 말한다. 그런데 풍어를 기원하는 제사에도 뱃굿이나 뱃고사처럼 선주가 자기 위주로 지내는 개인 제사가 있고 별신굿이나 대동굿처럼 마을 전체를 위해서 지내는 마을 공동 제사가 있다.

　동해안 별신굿은 동해안 지역에서 행해지는 마을굿으로 부산시, 울주군, 월성군, 영일군, 영덕군, 울진군, 삼척군, 명주군, 강릉시, 양양군, 고성군 등 주로 경상남·북도와 강원도에 걸친 지역에서 전승되고 있다.

　동해안 지역의 별신굿을 맡아 진행하는 사제무(司祭巫)들은 신이 내려서 된 강신(降神) 무당이 아니고 세습(世襲) 무당이다. 이들은 특정 집안에서 대대로 무업(巫業)을 승계하여 어릴 때부터 가무(歌舞)와 악기, 사제 기술을 익힌다. 동해안 지역은 마을에서 마을로 별

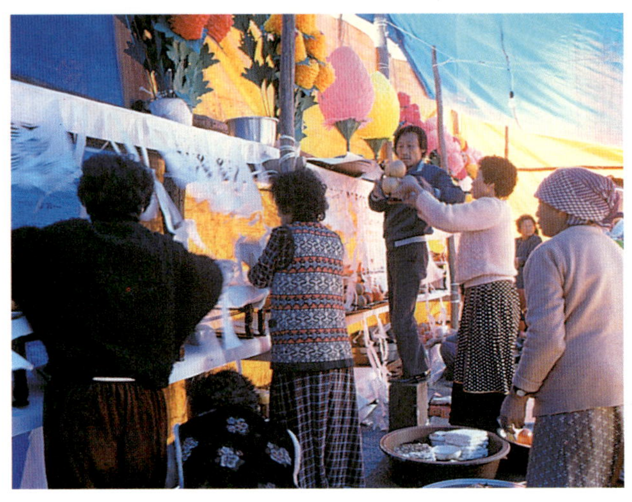

마을 주민들이 지화를 이용해 제단을 장식하거나 진설 음식을 놓고 있다.

신굿이 이어지는 경우가 많기 때문에 스무 명 가까운 사제무 일행들은 한동안 단체 생활을 하게 되고, 금줄이 그들을 지휘한다. 금줄은 사제무 일행의 대표자 격이며 마을과의 굿 계약과 소득에 대한 분배를 맡는다.

풍어제는 지역에 따라 매년 또는 2, 3년마다 한 번씩 개최된다. 동해안 지역에는 마을마다 마을 수호신을 봉안하는 골맥이당이 있다. 마을 주민들은 마을의 풍요와 다산, 안녕과 번창을 위하여 별신굿을 벌이는데 별신굿의 대상신인 골맥이서낭신이 마을을 수호한다고 믿는다. 굿을 하는 시기는 마을마다 다르나 대체로 3~5월, 9~10월 사이에 주로 거행된다.

별신굿을 하려면 마을 주민들은 회의를 열어 제주(祭主)를 선정하고 재물을 도맡아 준비하는 도갓집을 지정하거나 경비 갹출 방법 등을 논의한다. 경비 부담은 재산의 형편에 따라 차등이 있는데 어촌의 경우 선주가 경비를 많이 부담한다. 이러한 준비가 끝나면 무당 대표와

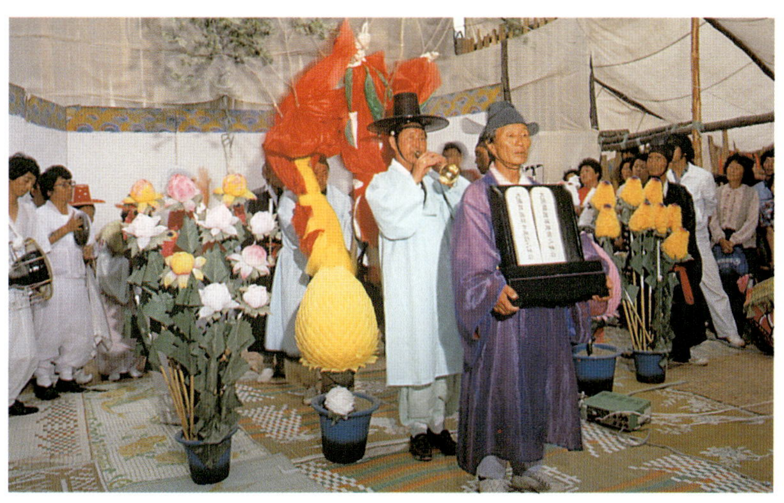

골맥이청좌굿을 치르기 위해 무녀는 무가를 부른 뒤 마을에서 선정한 제주와 함께 당으로 간다.

선주가 만나 굿의 규모를 결정하는 계약을 맺는다.

풍어제로서의 이 별신굿은 신에게 드리는 제사이지만 특정 신이 따로 있는 것이 아니고 마을 동제당의 당신(堂神)을 비롯하여 여러 존신(尊神)을 같이 모시는 것이 특징이다. 따라서 별신굿이란 곧 여러 신들에 대해 한 거리씩 굿을 해 나가는 과정으로 그 순서와 내용을 보면, 부정굿—골맥이청좌굿—당맞이굿—화해굿—각댁성주굿—천왕굿—심청굿—손님굿—황제굿—부인곤밧굿—용왕굿—꽃노래굿—대거리굿 등이 기본을 이루고 있다.

부정굿은 굿을 준비하는 과정에서 끼어든 모든 부정한 것을 정화시켜 제장(祭場)을 깨끗이 하는 거리이다. 무녀는 평복으로 등장하여 청배무가(請拜巫歌)를 부른 다음 바가지에 물을 떠서 신칼로 굿당 주변 사방에 뿌린다. 이어 짚단에 불을 붙여 굿당 사방을 돌아다니며 물살과 불살을 쳐낸다. 경우에 따라서는 부정굿 다음에 일명 세존굿이라 하는 일월맞이굿을 논다.

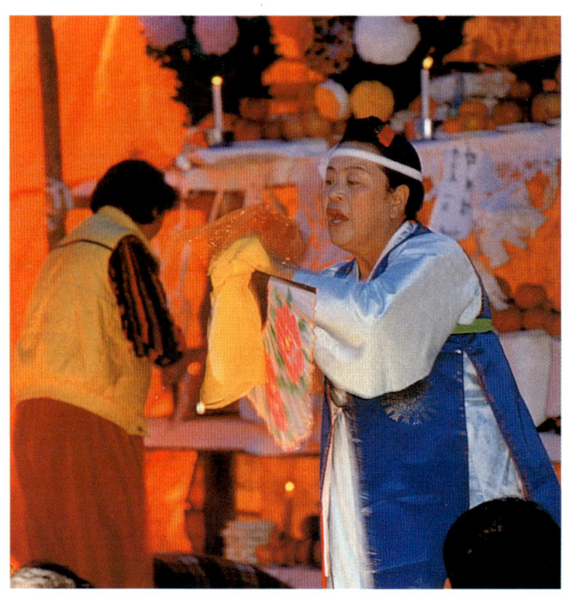

골맥이청좌굿은 마을의 수호신을 모셔다 굿청에 봉안하는 굿거리이다.

　　골맥이청좌굿은 마을의 수호신인 골맥이신을 모셔다 굿청에 봉안하는 굿거리이다. 무녀는 쾌자 차림에 부채를 들고 무가를 부른 뒤 마을에서 선정한 제주와 함께 당으로 간다. 이 대목을 당맞이라 하고 당에 도착하면 제관들은 제물을 진설하고 헌작, 배례한다. 무녀가 등장하여 축원과 덕담을 주고 소지를 올린다. 그럼으로써 마을 전체의 길흉과 집집마다의 길흉을 가리는 것이다. 그리고 제물을 조금씩 거두어서 바다에 던지고 술과 음식을 나누어 먹는다. 이어 신대와 신기를 앞세우고 굿청으로 돌아온다.

　　화해굿은 신과 신, 신과 인간과의 화해를 도모한다. 일명 합석(合席)굿이라고도 하는데, 산신과 용왕신 또는 당신과 성주신을 합석시키고 동시에 모두가 화해를 기원한다. 무녀는 쾌자를 입고 부채를 들고서 무가를 부르고 축원과 덕담을 내린다.

이어지는 세존굿은 시준굿 또는 중굿이라고도 불린다. 무녀는 고깔, 장삼에 염주를 걸고는 청배무가로써 '당금아기'를 부르고 중춤을 추는데 중 흉내를 익살맞게 연행한다. 그리고 무당 둘이 나와서 '도둑잡기놀이'를 논다.

조상신을 청배하여 재수를 빌고 자손들을 잘 돌보아 달라고 축원하는 굿거리가 조상굿이다. 무당이 건어(乾魚)를 들고 춤을 추며 덕담을 준다. 세존굿과 화해굿에서와 마찬가지로 이 굿의 후반은 흥겨운 놀음굿으로 진행된다.

성주굿의 성주신은 가옥을 관장하는 신령이다. 무녀가 쾌자에 갓을 쓰고 부채를 들고 등장하여 집을 건축하는 과정, 살림살이를 불리고 집 치장하는 모습을 무가로써 가창하여 묘사한다.

천왕굿은 천왕신(天王神)에 대한 굿거리로 무녀는 쾌자 차림에 부채를 들고 청배무가를 부른 다음 축원하고 놀음굿으로 소리를 하고는 끝낸다. 이 굿 말미에 '도리강관 원놀이', '천왕곤반놀이' 또는 '원님놀이'가 벌어진다. 고을의 높은 어른인 원님의 힘을 빌어 마을의 관재(官災)와 불상사를 없애기 위함이다. 다음의 심청굿에서는 '심청전'과 같은 내용의 서사무가가 구연된다. 이 굿은 원래 창부굿이라 하던 것으로 눈병을 없애 준다고들 믿는다.

놋동이굿은 군웅(軍雄)굿의 속칭이다. 무녀가 여러 장군신을 모셔 생업이 잘 되도록 도와 주기를 청한다. 그리고는 놋대야를 입에 물고 군웅장수의 위력을 나타내면서 시주를 받는다.

손님굿은 마마신인 손님신에 대한 거리이다. 손님신의 위력을 과시

하는 무가가 불려지고, 할머니들이 관중석에서 나와 돈을 신대 술에 달아 주기도 한다. 자손들을 보호해 달라는 뜻에서이다. 이 굿의 말미에 손님을 배송하는 말놀이를 놀기도 한다.

계면굿은 무당신인 계면 할머니가 단골 구역을 돌면서 신자들의 정성을 알아 본다. 지역에 따라 걸립굿, 말명굿이라 부르기도 한다. 무당과 바라지꾼과의 익살맞은 재담이 많고 계면떡을 판다. 용왕굿은 사해 용왕을 모셔 어선의 안전과 풍어를 비는 굿이다. 굿의 막바지 절차로 바닷가에 나가 용왕상을 차리고 바다에 헌식(獻食, 불교에서 시식돌에 음식을 차려 잡귀에게 베푸는 일)하여 액막이를 하기도 한다.

별신굿의 마지막 굿거리로 거리굿을 논다. 이 거리에서는 신들을 따라다니는 수비(주신에 따라다니는 잡스런 귀신)들을 풀어 먹인다. 남자 무당이 나와 여러 가지 익살과 익살스런 몸짓으로 훈장, 사촌, 골맥이신, 장님, 해녀, 어부 등의 행태를 묘사한다.

동해안 별신굿에서 무당들이 입는 의상은 비교적 소박하다. 보통 쾌자 차림에 부채를 드는 것이 많고 세존굿의 경우 고깔과 장삼에 염주를 거는 정도이다. 반면 굿청의 장식은 화려한 편이다. 청·홍·황·녹색의 종이로 만든 괫대는 굿당 왼쪽에, 용선은 오른쪽에 단다. 신대는 꼭대기에 푸른 잎이 달린 7미터 가량의 큰 대나무에 흰 종이를 매달아 사용한다.

동해안 별신굿이 중요무형문화재 제82-가호로 지정된 것은 1985년 2월이며 누대 세습 무가 출신인 김석출(金石出, 1922년생)이 악사 보유자로, 김유선(金有善, 1935년생)이 무녀 보유자로 인정되어 있다. 보유자 후보로는 장구의 김용택이, 조교로는 역시 장구의 제갈태오와 무녀 김영희 등이 있다.

서해안 배연신굿 및 대동굿(西海岸 배연신굿 및 대동굿)

지정번호 제82-나호
지정일자 1985년 2월 1일
현보유자 최음전(崔音全, 1915년생)
　　　　　 김금화(金錦花, 1931년생)
　　　　　 안승삼(安承三, 1909년생)

　황해도의 해주, 옹진, 연평도 지방에서 성행하였던 굿이지만 기본적인 굿의 구조나 형식은 서해안 일대의 다른 풍어제와 비슷하다. 서해안 배연신굿과 대동굿이 한 종목으로 묶여 중요무형문화재로 지정되었지만 사실 배연신굿은 선주의 개인 뱃굿이고, 대동굿은 마을의 공동 제사이다. 그러나 배연신굿은 개인 뱃굿이면서도 내용이나 형식, 규모 등이 대동굿에 버금가는 굿이다. 특히 바다 가운데의 배 위에서 이루어진다는 점이 특이하고 연희적인 요소도 많으며 아기자기하다.

　대동굿은 산의 당굿과 마을 안의 가가호호(家家戶戶)를 도는 세경굿과 바닷가의 강변용신굿으로 이어지면서 순간 접신(接神) 현상과 몰아(沒我)의 경지에 이르러 굿의 신비한 분위기를 지니는 것이 특징이다. 그러면서도 여기에 나오는 사냥굿이나 영산할아밤·할맘거리는 무굿에 들어 있는 정식 굿거리로서 어느 굿에서도 볼 수 없는 뛰어난 연희성을 지니며, 대동굿의 묘미를 한층 더해 주고 있다.

　배연신굿은 전북 고창군과 전남 영광군, 황해도 옹진군 일대에서 무당에 의해 배와 선원의 안전 및 풍어를 기원하는 뱃굿이다. 배연신굿은 달리 '신연잔치', '배 내리우기' 고사라고 일컫기도 한다. 따라서 배연신은 '배 내리우기'가 되고 이것은 오늘날의 진수식(進水式)에 해당한다. 그러나 '연신'의 어원이나 구체적인 의미는 아직 확인

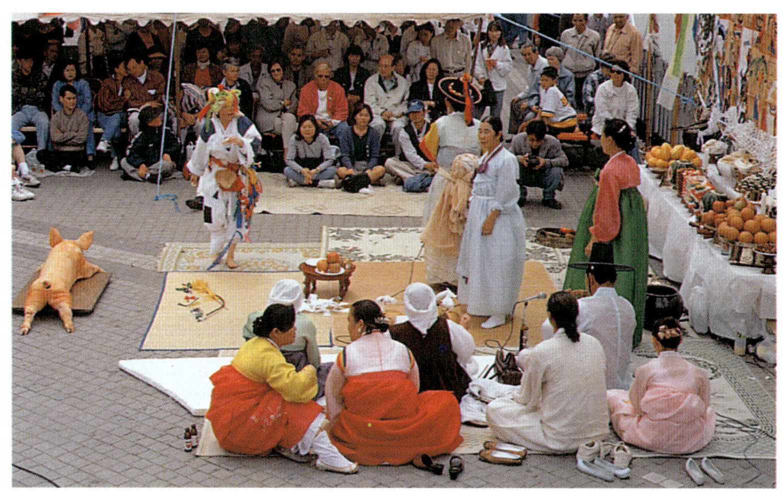

대동굿의 사냥굿은 소와 돼지를 잡기 전 무당과 상산막둥이가 같이 어울려 노는 굿이다.

된 바 없다.

배연신굿의 중심 지역인 전북 고창군 동호리의 경우 영신당의 당할머니가 연신굿에서 가장 중요한 신령이다. 그곳 어민 가운데에는 연신굿이 원래는 영신(靈神)굿이었다고 주장하는 사람도 있다.

옹진 지역에는 배연신굿이 임경업 장군과 관련하여 유래되었다는 이야기가 전해 온다. 병사를 거느리고 연평도를 건널 때 장군의 주술로 많은 조기를 잡아 병사들이 굶주림을 면할 수 있었다고 한다. 그뒤 뱃사람들이 임장군을 숭배하여 옹진군의 각 섬에 사당을 짓고 임장군을 섬겼으며 배연신굿이 그로부터 시작되었다는 것이다.

대동굿은 서해안의 해주, 옹진에서 안면도 지역에 이르기까지 지방에 따라 매년 또는 격년으로 거행되는 마을굿이다. 현지의 무당이나 주민들은 그저 옛날 조상 때부터 지내 왔다고 할 뿐 유래에 대해서는 그리 알려진 바 없다. 그러나 마을굿의 역사가 한국 고대사회의 제천 의식(祭天儀式)에서 유래하였다는 사실은 이미 알려진 바이다. 고려 와 조선시대를 거치면서 지역적 전통이 그렇게 다듬어지고 전승되어 온 것이다.

다음으로 배연신굿과 대동굿의 개최 시기와 연희 과정을 살펴보자. 배연신굿은 일정한 개최 시기가 없다. 선주 부인이 먼저 택일하는 사 람을 찾아가 굿날을 정한 다음 무당에게 가서 날짜를 알려 주고 굿을 요청한다. 그러면 굿날 선장의 총지휘 아래 무당 일행은 배 위에 마련 된 굿청에 제물을 차리고 굿을 한다. 반면 대동굿은 정기적인 마을 굿 이어서 굿날과 장소가 대개 고정되어 있다. 음력 정월 초사흗날 마을 유지와 선주들이 상의하여 제관과 제의 추진위원인 소염(제의를 준비 하는 실무자들의 현지 이름)들을 선정한다. 그리고 당집 옆에 굿당을 꾸미고 정월 대보름 전 3~5일 동안 축제를 벌인다.

배연신굿은 신청울림―당산맞이―부정풀이―초부정 초감흥―영정 물림―소당제석―먼산장군거리―대감놀이―영산할아밤 · 할맘―쑹 거주는 굿―다리발용신굿―강변굿 등의 순서로 진행된다.

배연신굿의 신청울림은 신령들을 청하여 부르는 제차이다. 술잔을 이물, 고물에 조금씩 뿌린 다음 당으로 당산맞이를 하러 간다. 사공이 든 장군기, 봉죽, 뱃기 등이 앞서고 주무, 선주, 제물, 짐꾼 등이 행렬 을 이룬다. 당에서 임장군님, 당산 신령님, 부근님, 서낭님을 청하여 굿을 하고는 장군기를 뉘어서 당 안에 들이밀면 주무는 기에 신령이 내리도록 축원한다. 이렇게 기에 신을 맞아 배에 모시고 와서는 굿을 계속한다.

부정풀이가 있고 계속해서 신령을 모셔 좌정시키는 초감흥에 들어

간다. 이어 바가지를 들고 영정을 불러 축원하다가 춤추고는 바가지를 배 밖으로 던져 띄워 보냄으로써 영정물림이 끝난다.

소당제석에서는 무당이 굿하기 전에 사공과 사공이 무복을 입고 춤춘다. 무당은 춤추다가 물동이에 올라가 예언해 주고 물동이에 조기를 넣어 풍어를 점친다. 소당제석이 끝나야 모두들 생선이고 고기고 비린 것을 먹을 수 있다. 먼산장군거리에서 무당은 장군칼을 들고 장군금춤과 칼춤을 추다가 장군놀이를 한다. 대감놀이로 넘어오면 종이로 만든 대감기를 들고 축원하며 뱃동사들에게 술 한잔씩을 돌린다.

영산할아밤·할맘에서는 무당이 할맘탈과 할아밤탈을 머리에 붙이고 서로 찾다가 만나는 등 연극적인 요소를 보인다. 쏭거주는 굿에서는 선원과 선주가 옷자락을 벌려 복떡을 받아 간다. 다리발용신굿은 여러 잡신들이 다리발 위의 음식을 먹으려고 서로 다투는 장면을 연출하는 것이다. 강변굿은 마지막 종결 과장이다. 수숫대로 만든 띠배에 제물과 허수아비 모양의 '산영산'을 실어 바다로 띄워 보낸다. 뱃동사(선원) 가족 가운데 물에서 죽은 사람이 있는 집을 위해 무당은 갯가에서 그 혼령을 위로하고 기원해 준다.

대동굿은 신청울림―상산맞이―세경굿―부정굿―감흥굿―초영정물림―복잔내림―제석굿―성주굿―소대감놀이―말명굿―사냥굿―성수거리―타살굿―군웅굿―먼산장군거리―대감놀이굿―뱃기내림―조상굿―서낭목신굿―영산할아밤·할맘―뱅인영감굿―벌대동굿―강변용신굿의 순서로 진행된다.

대동굿은 당일 자시 제관의 고축(告祝)에 이어 경관만신이 당에 간단히 인사드리고 도갓집에 내려와 신청울림을 하면서부터 굿이 시작된다. 배연신굿과 중복되는 거리는 해설을 생략한다.

세경굿은 당산을 맞아 마을의 집집마다 돌며 각 가정의 평안과 재복을 축원해 준다. 복잔내림에서는 제관에게 술잔을 내리고, 제석굿에서는 제석님을 맞아 명과 복과 재수를 기원한다. 말명굿은 각각의 말명에게 방아를 찧으러 오도록 청하고 명과 복을 비는 거리이다. 사냥굿은 제숙 얼르는 굿이라고도 하듯 제물로 쓰일 소와 돼지를 잡기 전에 얼르는 굿이다. 성수거리에서는 여러 신장님, 장군님 등이 대접을 받고는 제관, 소염과 마을을 축원해 준다. 타살굿은 제물인 소와 돼지를 잡아 팔각을 뜨는 제차이고, 먼산장군거리에서는 각 지역 모든 장군들을 불러 용맹과 위용을 칭송한다. 뱃기내림은 춤과 재담과 연희로 진행되고, 조상굿에서는 조상의 극락왕생을 기원한다. 벌대동굿은 잡귀와 잡신을 풀어 먹이는 굿이고, 강변용신굿에서는 사공의 안전과 풍어를 기원하고 바다에서 죽은 고혼을 위로해 준다.

배연신굿 및 대동굿은 둘 다 화려하고 규모가 큰 굿이다. 소용되는 소도구도 무척 많은데 배연신굿에서는 장군기, 호서낭기, 물기, 소당기, 장애발, 만장기 등의 기와 봉죽, 서리화 등의 종이꽃이 배를 호화롭게 장식한다. 대동굿에서도 마찬가지 종류의 기가 쓰이고 종이꽃으로는 봉죽과 서리화 이외에 백모란, 삼신꽃, 고깔꽃, 쟁비꽃, 전발 등을 만들어 쓴다.

서해안 배연신굿 및 대동굿은 1985년 중요무형문화재 제82-나호로 지정되었다. 악사 최음전(崔音全, 1915년생), 무녀 김금화(金錦花, 1931년생), 배치기 노래 및 장식의 안승삼(安承三, 1909년생) 등 세 명이 보유자로 인정되어 있다. 보유자 후보는 쇄납의 최수경과 배치기 노래의 차희동, 조교는 무녀 김경화와 배치기 노래의 김창규, 장구의 김금전 등이다.

위도 띠뱃놀이(蝟島 띠뱃놀이)

지정번호 제82-다호
지정일자 1985년 2월 1일
현보유자 김상원(金相元, 1933년생)

　위도 띠뱃놀이는 부안군 위도면(蝟島面) 대리 마을의 풍어제로서 원당제라고도 한다. 굿 형태의 기본이나 진행 절차가 대동굿과 비슷하면서도 또 다른 특성을 지니고 있다. 대동굿에서는 각 가정을 돌며 가정굿을 해 주는 데 비해 띠뱃놀이의 마을돌기굿에서는 마을 요소요소의 처소신(處所神)을 위해 주는 내용으로 농악 과정이 포함되어 있다. 특히 바닷가의 용왕굿은 모든 주민이 빠짐없이 참여하여 술과 노래를 함께하는 가무가 장을 이룬다. 그리고 마지막으로 띠배를 바다로 띄워 보내는 띠배보내기는 이 굿의 절정을 이루면서 가장 뛰어난 축제의 장이 되고 있다. 띠배를 바다에 띄워 보내는 데서 띠뱃놀이라 부르게 되었다.

　서해 도서인 위도는 한때 조기잡이의 칠산어장(七山漁場)으로 유명하였다. 현재는 멸치잡이와 김양식으로 주업이 바뀌었으나 이전에는 조기잡이가 주였고 많은 배들이 모여들었으며 파시(波市)로 성황을 이루었던 곳이다. 이러한 배경을 가진 띠뱃놀이는 어로신앙(漁撈信仰)의 한 분야로서 풍어제(豊漁祭)에 해당한다. 이러한 유형의 제의는 황해도의 해주와 옹진 지역에서 연평도를 거쳐 위도, 전북 고창군 동회리 지역에 이르기까지 서해안에 독특하게 형성 분포되어 있다.

　띠뱃놀이의 기원에 관한 문헌 기록은 전하는 것이 없고 현지 주민도 그 유래에 관해서는 자세히 알지 못한다. 노인들의 증언에 따르면 띠

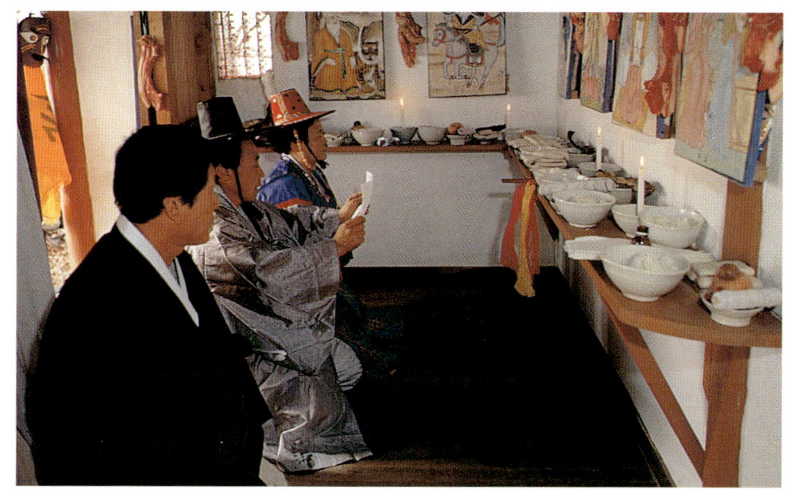

정월 초사흗날 새벽 원당에 제상을 차려 놓고 제관이 술잔을 올리고 절하면 독축관이 축문을 읽는다.

뱃놀이가 오래 전부터 내려온 것은 분명하지만 조기잡이의 쇠퇴와 함께 큰굿이 없어지고 당제까지도 지켜지지 않은 시절이 있었다고 한다. 이러한 상황에서 이도곤이라는 마을 이장이 나서서 다시 마을 주민들을 단합시키고 마을에 활력을 불어넣고자 줄다리기를 비롯한 띠뱃놀이를 부활시켰다고 한다. 예전에는 원당 앞바다를 왕래하던 수많은 어부들도 원당의 영험함을 믿고 풍어를 기원하였다고 한다. 지금도 현지의 주민들은 원당을 신성하게 여긴다.

위도 띠뱃놀이는 음력 섣달 10일부터 준비에 들어가 정월 초사흗날 당산행으로 시작된다. 마을의 정기 총회를 통해 제의 규모와 제의 비용, 제관 선정 등을 결정한다. 제의는 원당에서 먼저 원당굿을 행하고 내려오면서 용왕바위에 들르고 마을로 내려와 마을 앞바다에서 용왕굿과 띠배보내기를 치른다. 띠뱃놀이는 바다 한가운데서 진행되므로 제의 장소는 마을의 산과 바다를 모두 포괄하는 셈이다.

　제일인 초사흗날 새벽 제물고와 제기 등을 갖추고 제관, 무녀, 독축관, 영기, 제물지게, 농악대, 뱃기를 든 선주와 동민의 순으로 긴 행렬을 이루어 원당을 향한다. 이때 마을 입구에 있는 당목에 작은 제상을 차려 놓고 잠시 당산굿을 한다. 원당에 도착하면 제물을 차리고 제관이 술잔을 올리고 절한 다음 독축관이 축문을 읽고 역시 절하면 무녀가 원당굿에 들어간다.

　굿의 순서는 성주굿―산신굿―손님굿―지신굿―서낭굿1(원당·본당 서낭)―서낭굿2(애기씨 서낭)―서낭굿3(장군 서낭)―깃굿―문지기굿으로 이루어진다.

　성주굿은 성주님이 터잡고 제비원에서 솔씨 받아 나무 길러서 집을 짓는 것을 내용으로 한다. 이 굿에서는 마을 주민의 명과 복, 풍어를 기원한다. 산신굿은 마을의 평안과 복을 산신님께 비는 굿이다. 손님굿에서는 마마신을 위한다. 지신굿은 지신풀이라고도 하는데 터주를 위하여 부를 기원하는 굿이다. 서낭굿1에서는 원당과 본당 서낭을 위해 각 지역의 서낭을 불러 모시고 면장, 이장 등 마을의 인사들을 축복해 준다. 서낭굿2는 특히 어린아이들의 수명 장수와 부를 축원하는 굿이고 서낭굿3은 풍어와 돈벌이를 축원하는 굿이다. 깃굿에서는 각 어선의 선주들이 일년 동안 자신의 배에 모실 서낭을 내림받는데 일명 선주굿이라 한다. 마지막으로 여러 원혼을 달래 보내는 문지기굿을 놀고 나면 원당굿은 끝난다.

　이어 제물을 챙겨 원당에 오를 때와 마찬가지의 행렬을 이루어 흥겨운 농악과 함께 내려온다. 중간에 제관은 한지에 당밥을 쌓아 놓고 마을 동쪽 바닷가에 있는 용왕바위 위에 가서 그 용왕밥을 바다 아래로

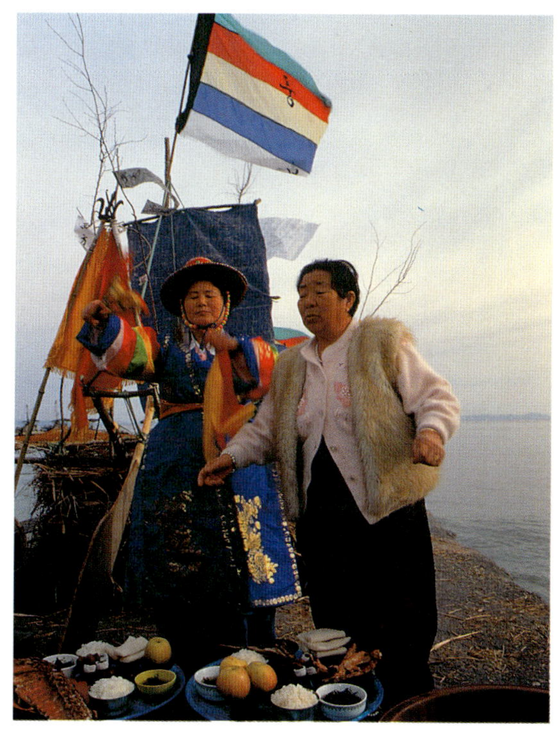

풍어를 기원하고 수중 고혼을 달래 주는 용왕굿에서는 무녀가 띠배
옆에 용왕상을 차려 놓고 바다 쪽을 향하여 굿한다.

던진 다음 '주산돌기'에 들어간다. 제관과 농악대와 뱃기 행렬이 마을
뒤의 산언덕 쪽을 한바퀴 돌아오는 것이다. 그동안 마을 앞 바닷가에
서는 띠배를 만들어 준비해 놓고 행렬이 도착하는 대로 용왕굿과 띠배
보내기를 논다.

용왕굿은 마을의 풍어 기원과 수중 고혼(水中孤魂)을 달래 주는 굿
이다. 무녀가 바닷가 띠배 옆에 용왕상을 차리고 바다 쪽을 향하여 굿
을 진행한다. 굿이 진행되는 동안 일대는 큰 놀이마당이 된다. 마지막

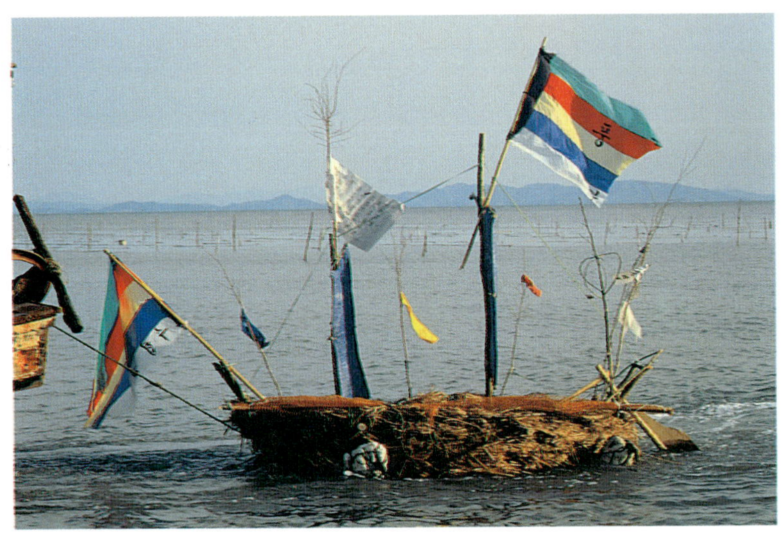

용왕굿이 끝나면 띠배에 모든 액을 실어 바다로 띄워 보낸다.

에 제물을 조금씩 떼어 함지에 담아 바다에 고수레를 한다. 그것이 끝
나면 드디어 띠배를 바다에 내리고 어선을 끈으로 연결하여 바다 한가
운데로 끌고 나간다.

띠배를 끌고 가는 모선에는 농악대가 타고 가래질소리, 술배소리,
에용노래 등 띠뱃놀이 노래를 부를 몇 사람도 함께 탄다. 띠배가 바다
로 나갈 때 주민들은 바닷가에서 합장하고 또 절을 올린다. 모선 좌우
로 네다섯 척의 호위선이 오색 뱃기를 휘날리며 질주한다. 주민들은
띠배가 마을의 모든 액을 실어 간다고들 믿는다.

위도 띠뱃놀이에 사용되는 도구 가운데 가장 중요한 것은 역시 띠배
이다. 띠배는 띠풀과 짚, 싸리나무 등을 함께 엮어 길이 3미터, 폭 2미
터 정도의 배 모양으로 만든다. 띠배 안에는 과일, 떡, 밥, 고기 등을

넣고 허수아비를 앞머리에 한 개, 띠배 양쪽에 세 개씩 모두 일곱 개를 만들어 세운다. 띠배에는 가마니로 만든 돛대도 세우고 닻도 만들어 배 형태를 갖춘다. 그리고 작은 판자쪽에 "소속: 대리띠배, 우자망, 낭장망, 대풍어 용왕님 귀하"라 써서 띠배에다 붙인다.

위도 띠뱃놀이는 1985년 중요무형문화재 재82-다호로 지정되었고 장구의 김상원(金相元, 1933년생)이 보유자로 인정되었다. 무녀 안길려와 장구의 이종순이 조교를 맡고 있다.

남해안 별신굿(南海岸別神굿)

지정번호 제82-라호
지정일자 1987년 7월 1일
현보유자 정영만(鄭榮晩, 1956년생)

남해안 별신굿은 경상남도의 거제도를 중심으로 통영시 일대의 어촌과 한산도, 사량도, 욕지도, 갈도, 죽도 등지에서 벌어지는 이 지역 어촌 마을의 공동 제의이다. 별신굿은 '별신제', '별손', '벨손', '별신' 등으로도 불리고 또 '별신한다'라고도 한다. 현재 해안 지방에서 볼 수 있는 별신제는 사실상 별신굿으로서 근래에 와서는 풍어제라는 명칭이 일반화되면서 어촌의 풍어 기원제로서의 성격을 강하게 지니고 있다.

한국의 어촌은 반농 반어(半農半漁)의 형태이다. 따라서 풍농과 풍어를 기원하는 별신굿은 마을 사람들의 화목과 단합을 다지는 계기가 되며, 마을 일의 계획과 추진 과정에서 보여지는 공동체로서의 의미

또한 매우 크다.

남해안 지방의 별신굿은 1981년에 문화재연구소에서 풍어제에 대한 실태조사를 벌이기 전까지만 해도 전승이 끊긴 것으로 인식될 만큼 거의 알려지지 않았다. 그러나 조사를 통해 별신굿이 남해안의 통영시와 거제도를 중심으로 한산도, 사량도, 욕지도 등에서 두세 명의 사제무에 의해 그 명맥을 유지해 오고 있음이 확인되었고, 그뒤 중요무형문화재로 지정해 전승 보존하도록 하였다.

남해안 별신굿의 특징으로는 제의(祭儀) 지역이 좁게 한정되어 있다는 점을 들 수 있다. 그렇지만 별신굿의 기능자(주무급) 자체가 두세 명에 불과하여 동해안처럼 무집단(巫集團) 형태를 갖추지 못하였으며 제의(祭儀) 시간도 이틀(하루낮 하룻밤)이 보통이고 특별히 길어야 사흘(이틀낮 이틀밤)이다. 이때 사제무는 주무 한 명에 조무 한두 명으로, 두어 명이 굿을 모두 맡아 한다.

남해안 별신굿은 신앙성(信仰性)이 강한 반면 오락성이 적은 굿이다. 굿 과정에서 악기를 잡고 있는 양중(兩中, 남자 무당)이와 주고받는 재담(才談)이 극히 드물고 무가 사이사이에 사설(辭說)과 삽입이 없다. 또한 동해안 별신굿에서 볼 수 있는 세존굿에서의 도둑잡이(중잡이굿), 천왕굿에서의 곤반놀이, 그리고 범굿에서의 범탈놀이 등과 같은 연극적인 요소나 관중을 웃기는 오락적인 요소도 부족하다.

그러나 관중에게 주는 신앙에의 신뢰성이 커 관중을 진지하게 만든다. 물론 일부 마을에서는 망석 탈놀이라고 하는 해미광대놀이를 굿 과정에 포함시키기도 하지만 현재는 거의 생략되어 있다.

남해안 별신굿의 거리 구성을 보면 마을에 도착한 무당 일행이 청신악을 울리며 시작되는 들맞이당산굿—대모가 무가를 불러 부정을 물

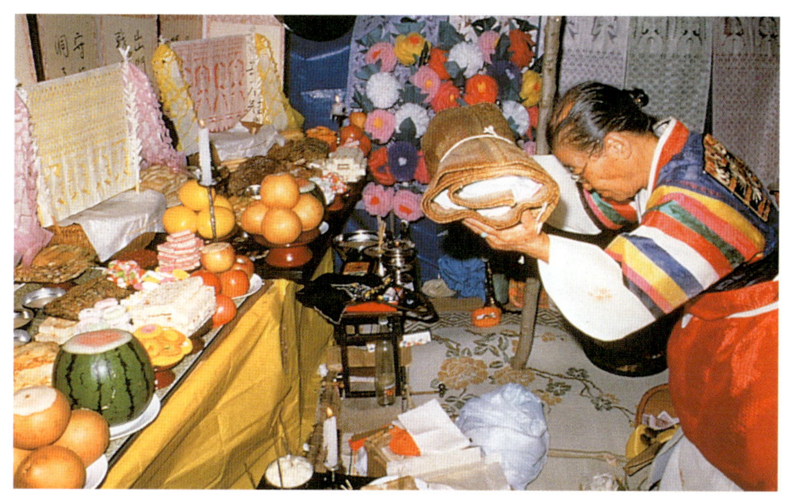

일월맞이굿의 마지막에 대모는 부정 소지를 올리고 칠성본, 액막이 무가 등을 한 뒤 옷을 바친다.

리고 천수경을 치는 굿장모부정굿—산신제—일월맞이굿—골맥이
굿—용왕굿—부정굿—가망굿—제석굿—서낭굿—망석놀림—큰굿—
대신풀이—군웅굿—거리굿 등 열다섯 거리의 순서로 짜여져 있다. 실
제로 열두 번째의 큰굿에서는 손굿, 손님풀이, 고금역대, 황천문답, 축
문, 환생탄일, 시왕탄일의 굿들이 포함되어 있어 열여덟 개의 거리로
볼 수 있다.

　굿을 하러 마을에 온 무당 일행 가운데 잽이들은 청신악을 울리며
장승 있는 곳들을 들러 마을을 한바퀴 돌아온다. 큰무당인 대모는 별
신대 앞에서 절을 올린다. 이렇게 마을의 수호신과 마을 사람들에게
별신굿의 시작을 알리는 것을 들맞이라 한다. 이어 굿을 주관하는 굿
장모댁에서 부정굿을 논다. 대모가 무가를 불러 부정을 물리고 천수경
(千手經)을 친다. 산신제에서는 굿장모가 저녁에 큰당에 올라가 밤새

위 산신에게 정성을 드린다.

아침이 되면 대모는 큰당에서 일월맞이굿을 한다. 부정 소지를 올리고 칠성본, 액막이 무가 등을 하고 항아리 속에 옷을 바친다. 이어 골맥이굿이 벌어진다. 삼한대를 앞세우고 일행이 작은당으로 가 큰 나무 아래에서 대모와 악사가 매구굿을 논다. 그리고 밭에 세워 둔 별신대에 가서 매구놀이를 하고 우물굿을 치른다.

용왕굿은 마을의 바닷가에서 대모가 큰머리 차림에 징을 들고 한다. 바다에서 죽은 어민의 원혼과 바다의 잡귀 잡신을 달랜 다음 용왕님께 해상의 안전과 풍어를 기원한다.

다음에 하당으로 가서 굿당의 부정을 없애는 부정굿을 한다. 가망굿은 선후 조상님을 모시고 대접하는 굿이다. 굿 말미에 대모가 굿을 준비한 이들을 꿇어 엎드리게 하고는 대구와 젓대로 때리고 소지 종이에 불을 붙여 머리털을 그을리는 시늉을 한다.

제석굿에서는 천지풍신을 모시고 집안의 복과 풍농, 풍어 및 자손 창성을 기원한다. 팔도명산과 각 지역 서낭님을 모시고 가업의 번영을 기원하는 굿이 서낭굿이다.

그리고 큰굿에 들어가기 전 망석놀음을 하는데 일종의 탈놀음으로 오락성이 많다. 큰굿은 일곱 거리로 구성된다. 지동굿이라고 하는 손굿은 마을의 통대부신령을 위무하는 굿이고, 손님풀이에서는 미마신인 손님을 위한다.

고금역대에서는 인생의 허무함을 노래하고 망자와 원혼의 극락왕생을 빈다. 황천문답은 망자가 황천에 가 부처님의 설법을 듣고 시왕 앞에서 선행, 공덕을 고한 다음 오구새남굿을 받아 극락 천도한다는 내용의 설법을 소리 내어 읽는다. 그리고 망자에 대해 유교식 축문을 읽

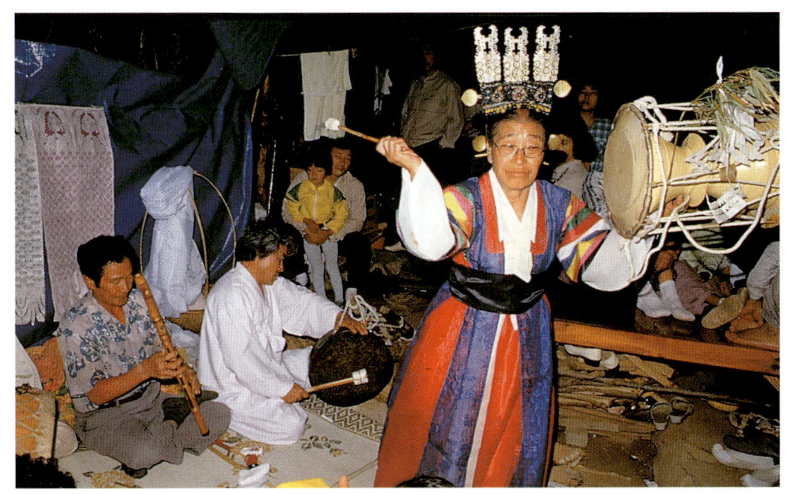

남해안 별신굿의 열두 번째 순서인 큰굿에서 무녀가 장구춤을 추며 손님풀이를 하고 있다.

는다. 환생탄일에서는 시왕전에 망자의 인간 환생을 축원하고 시왕탄일에서는 지옥을 면하기 위해 시왕을 차례로 염불로 모신다.

큰굿이 끝나면 대신풀이를 하여 남해안 별신굿의 타계한 선생님들을 위로한다. 군웅굿은 무신인 군웅 장수를 위하는 거리이다. 마지막으로 해변가에 조상상을 차려 놓고 삼한대를 세운 가운데 거리굿이 놀아진다.

남해안 별신굿의 춤은 전체적으로 볼 때 비교적 단조롭고 소박한 면을 보이고 있다. 군무의 형태는 용선춤과 송신춤이 나타나고 대체로 대모 혼자서 굿을 이끌어 나가는 형식이기 때문에 혼자 추는 독무가 많다. 전체적으로 춤 동작이 그리 크지 않고 도약이 없으며 다른 무무(巫舞)에 비해 화려함이 덜하고 발의 디딤이나 동선의 범위도 그리 넓지 않은 편이다. 춤의 종류로는 대너리춤, 올림채춤, 덩덕꿍춤, 삼현

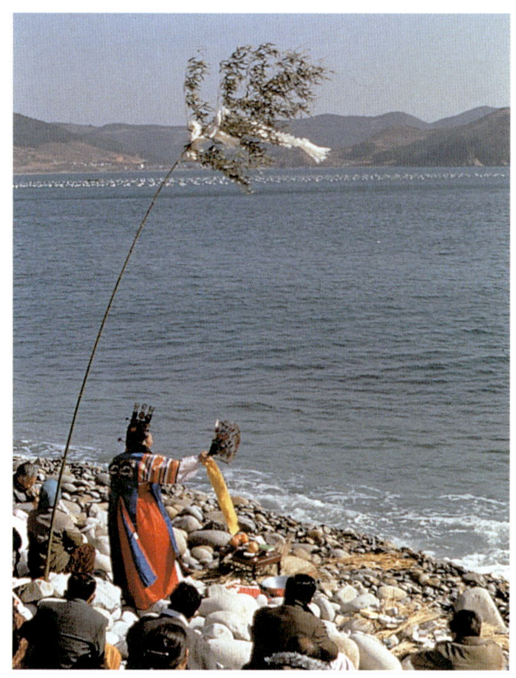

용왕굿은 바다에서 죽은 어민의 원혼과 바다의 잡귀 잡신을 달래
주고 용왕님께 해상의 안전과 풍어를 기원한다.

춤, 신칼춤, 신광주리춤, 무복을 들고 추는 춤 등이 있다.

무악의 악기 편성은 피리, 대금, 장구, 북, 징, 해금으로 되어 있고
굿의 시작에는 청신악을, 끝 부분에서는 송신악을 하며 이때에는 대금
으로만 연주한다. 장단은 불림, 말미, 조너리, 푸너리, 대너리, 제만수,
덩덕꿍이, 올림채, 제석노리채를 상황에 따라 길고 짧게 연주하기도
한다.

남해안 별신굿의 무구는 그리 많지 않은 편이며, 단조로운 것이 특
징이다. 종류로는 큰머리, 신방울, 부채, 신칼, 손전, 장구, 신광주리,

숫대, 혼백식기, 시왕문고리, 서낭대, 태전, 반야용선 등이 있다. 이 가운데 큰머리, 신방울, 부채, 신칼들은 옛날부터 전하여진 것으로 대물림 받아 현재까지 사용되고 있다. 무복으로는 기본적으로 홍치마, 청색 쾌자, 검정색 띠를 착용하나 때로는 흰 치마저고리만 입을 때도 있으며 평상복으로 자유롭게 입기도 한다.

남해안 별신굿은 1987년 중요무형문화재 제82-라호로 지정되었고 악사 유동주가 보유자로 인정되었다. 그가 타계한 뒤 대모 고주옥이 보유자로 인정되었는데, 고주옥마저 타계한 다음 그녀의 손자인 정영만(鄭榮晩, 1956년생)이 현재 악사 보유자로 인정되어 있다. 무녀 백정자가 보유자 후보, 악사 공대원과 무녀 김현숙 등이 보조자로 인정되어 전승과 보존을 돕고 있다.

석전대제 (釋奠大祭)

지정번호 제85호
지정일자 1986년 11월 1일
현보유자 권오흥(權五興, 1936년생)

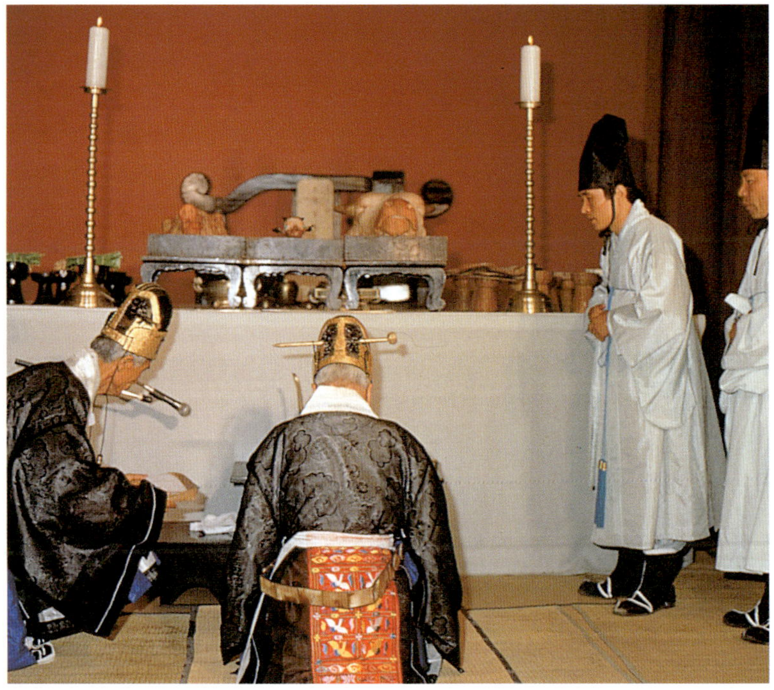

석전대제란 공자를 비롯한 유학자들에게 드리는 제사로 세계적으로 유일하게 원형이 보존되어 있다.

석전대제란 공자를 비롯한 선성선사(先聖先師)께 생폐(牲幣)와 합악(合樂)과 헌수(獻酬)로 문묘에서 지내는 제사 의식을 말한다. 석전의 뜻을 풀이해 보면 석(釋)은 '놓다〔舍〕', '두다〔置〕'는 의미로 '베풀다', '차려 놓다'라는 뜻이며 전(奠)은 빚은 지 오래된 술을 얹어 두는 받침대의 모습을 상징한다. 그러므로 석전이란 '정성스레 빚은 술을 받들어 올린다'는 뜻을 갖고 있다.

석전대제가 봉행되는 장소인 문묘는 공자의 사당으로 중국의 영향을 받아 신라시대엔 국학, 고려시대엔 국자감, 조선시대에는 성균관 안에 세워졌다. 우리나라에서 최초로 석전이 봉행된 것은 태학이 처음 설립된 고구려 소수림왕 2년(372)으로 추정된다.

석전대제의 제의가 제도적으로 확립되어 국가에서 주관하는 오례(五禮) 가운데 길례(吉禮)에 속하는 국가적 대사로서 봉행되었던 것은 조선시대에 이르러서이다. 매년 봄(음력 2월)과 가을(음력 8월) 상정일(上丁日)에 성균관 대성전(大成殿)에서 공부자(孔夫子)를 비롯한 4성(四聖)과 공자의 10대 제자를 뜻하는 공문 10철(孔門十哲), 송조 6현(宋朝六賢), 우리나라의 뛰어난 인물인 동방 18현에게 제향(祭享)을 드리고 있다. 지방의 향교(鄕校) 234개 소에서도 같은 날 정해진 절차에 따라 석전대제를 봉행하고 있다.

지난 공기(孔紀) 2541년(1990) 추기 석전부터는 천자국(天子國)의 학교인 벽옹(辟雍)의 위치에서 대제를 봉행하고 있다. 이는 우리나라가 독립국이며, 세계적으로 유일하게 그 원형이 거의 완벽하게 보존되어 오기 때문이다.

석전 의식의 진행 절차는 홀기(笏記)를 제작하여 진행되며『국조오례의(國朝五禮儀)』의 규격을 그 원형으로 한다.

배위	성현명
4성위(四聖位)	복성공 안자(復聖公 顔子), 종성공 증자(宗聖公 曾子), 술성공 자사(述聖公 子思), 아성공 맹자(亞聖公 孟子)
공문 10철(孔門十哲)	민손(閔損), 염경(冉耕), 염옹(冉雍), 재여(宰予), 단목사(端木賜), 염구(冉求), 중유(仲由), 언언(言偃), 복상(卜商), 전손사(顓孫師)
동방 18현(東方十八賢)	설총(薛聰), 최치원(崔致遠), 안향(安珦), 정몽주(鄭夢周), 김굉필(金宏弼), 정여창(鄭汝昌), 조광조(趙光祖), 이언적(李彦迪), 이황(李滉), 김인후(金麟厚), 이이(李珥), 성혼(成渾), 김장생(金長生), 조헌(趙憲), 김집(金集), 송시열(宋時烈), 송준길(宋浚吉), 박세채(朴世采)
송조 6현(宋朝六賢)	주돈이(周敦頤), 정호(程顥), 정이(程頤), 소옹(邵雍), 장재(張載), 주희(朱熹)

우선 제의 준비 진행표에 부서, 담당자, 소임, 준비 기간 등을 표시하여 마무리하여 둔다. 그런 다음 석전대제를 알리는 제첩 문안을 인쇄하고 석전대제에 참여할 헌관과 집사를 결정하여 해당 인사에게 집사분방통지서(執事分榜通知書)를 발송한다. 이때 집사 복장(도포와 유건)을 명시해 주고 제사를 지내기 전인 오전 두 시 습의(習儀, 석전 봉행의 예비 연습)에 참여할 것을 통지하며 더불어 모든 집사들에게 망장도 함께 보낸다.

다음 제수 식료품을 구입하며 육포를 만들거나 제주를 빚고 제기고를 청소한다. 제기를 닦기 전 고사(告祀)를 지내고 문묘의 안팎을 정리한 뒤 제기를 닦는다.

석전대제를 봉행하기 전날에는 제의 기구를 점검한 다음 각종 제수를 준비하며, 대성전에 고유(告由)한다. 대성전에 고한 다음 봉행 전 제관은 반드시 이틀 동안 산재(散齋)하고, 하루 동안 치재(致齋)한다.

다음 명륜당에서 재계를 행한다.

산재란 첫째 목욕하고 새옷으로 갈아입은 다음 외사(外舍)에서 자며, 둘째 술과 마늘을 먹지 않으며, 셋째 문병과 조상(弔喪)을 하지 않으며, 넷째 음악을 듣지 않으며, 다섯째 형벌(刑罰)과 관련된 사무를 관장하지 않으며, 여섯째 거칠고 사나운 일을 하지 않는 등 외적인 면을 삼가는 것을 말한다.

이에 비해서 치재는 주로 내적으로 정제하는 것을 뜻한다. 마음을 한결같이 하여 오로지 제사드릴 신(神)만을 생각하며 근신하고 삼가여 행례에 임해야 한다.

다음 석전 봉행의 예비 연습인 습의는 석전대제 하루 전 오후 한 시부터 성균관과 전국의 향교에서 동시에 행한다. 그런 다음 당일 오후 다섯 시경 제수를 진설하는 의식을 거행한다.

석전대제 봉행 당일에는 헌관과 집사, 일반 제관, 유림 대표 등을 안내하여 제의 봉행을 준비하며 이때 헌성금도 함께 접수한다. 다음 분방 부서를 점호하여 제의를 봉행할 제관들을 모이게 한다. 봉행하기 전 의관 정제(衣冠整齊), 관장 훈화, 제관 행례전 점검, 제관 입취위(祭官立就位), 배위 서립(拜位序立), 점등(點燈) 및 개독(開櫝)·계개(啓蓋), 사준의 세작(洗爵), 준소(樽所)에 작을 놓음, 행례 격고(擊鼓), 알자와 찬인의 입취(立就), 헌관 전향문전(傳香門前) 서립(序立), 헌관 입취위 등과 같은 의례를 행한다.

석전대제 봉행은 다음과 같은 순서로 진행된다. 먼저 초헌관(初獻官)이 신위전에 폐백(幣帛)을 올리는 전폐례(奠幣禮)가 끝나면 초헌관이 신위전에 첫 술잔을 올리고 대축(大祝)이 축문을 읽는 초헌례(初獻禮)를 행한다. 그러나 현재 시행하고 있는 축문은 사성(四聖)을 배

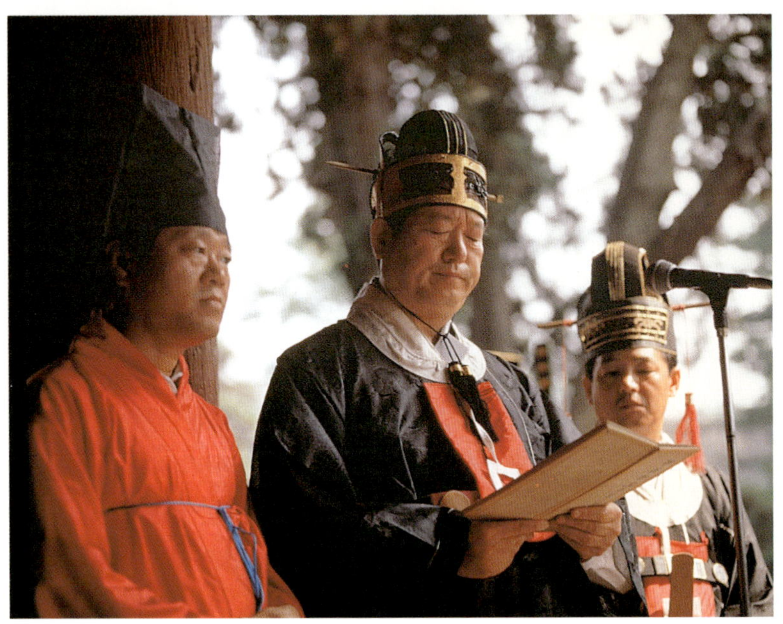

헌관이 석전대제를 봉행 지휘하고 있다.

향(配享)하여 공자의 축문만을 말하는 경우로, 석전 봉행시 공자의 축문만 읽고 4성은 축문을 읽지 않는다.

다음은 아헌관이 신위전에 두 번째 술잔을 올리는 아헌례(亞獻禮)와 종헌관이 신위전에 세 번째 술잔을 올리는 종헌례(終獻禮)를 행하고 초헌관이 음복위에서 음복잔을 마시는 음복례(飮福禮)를 한다. 그리고 대축(大祝)이 변(籩)과 두(豆)를 거두는 철변두(徹籩豆)가 끝나면 초헌관이 망요 위에서 축문과 폐백을 태우는 망요례(望燎禮)를 행한다. 마지막으로 참반 유림들이 분향한다.

축문(祝文)의 형식은 대개 다음과 같다.

　　단군 4330년 2월 5일 관직(후학)이 감히 밝게〔敢昭告于〕하여 대

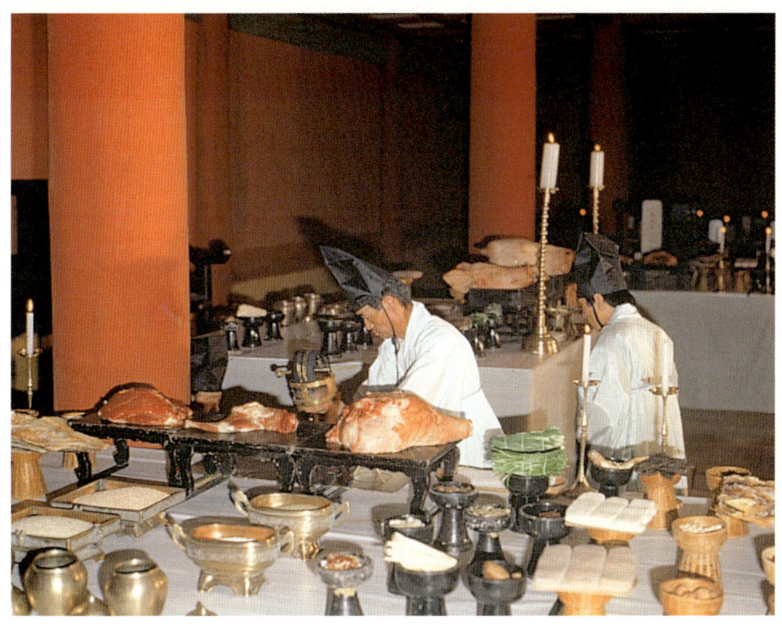

제수의 진설은 습의를 마친 뒤 당일 오후 다섯 시에 거행된다.

성지성 문선왕(大成至聖文宣王)께 고하나이다. 엎드려 생각건대 도(道)는 모든 임금보다 더 높고 만세의 스승이시라. 따라서 이 달의 상정(上丁)일을 맞이하여 정결히 제사를 올림이 옳고 마땅합니다.

삼가 생폐(牲幣)와 예제(醴齊)와 자성(粢盛, 기장 핍쌀)과 서품(庶品, 여러 가지 재수를 청함)으로 공경해 벌여 놓고 밝게 드리웁고 선사 연국 복성공 안씨(先師兗國復聖公顏氏), 선사 기국 술성공 공씨(先師沂國述聖公孔氏), 선사 추국 아성공 맹씨(先師鄒國亞聖公孟氏)를 배열하오니, 가상히 여기시고 흠향하옵소서.

維 檀君紀元 4330年歲次丁丑二月朔初五日丁丑

官職 (後學) 姓名 敢昭告于

大成至聖文宣王 伏以維王 道冠百王 萬世宗師 玆值上丁

精禋是宜 謹以 牲幣醴齊 粢盛庶品 式陳明薦以

先師 兗國復聖公 郕國宗聖公 沂國述聖公 鄒國亞聖公配 尚饗

　석전대제에 사용되는 음악과 무용을 통칭하여 문묘 제례악이라 한다. 문묘 제례악은 중국의 아악으로 이른바 악, 가, 무의 종합적인 성격을 띤다. 현재 한국과 중국에 남아 있는 음악 가운데 가장 오래된 형태의 음악에 속한다.

　문묘 제례악이 언제부터 우리나라에 들어왔는지는 정확히 알 수 없다. 하지만 중국의 아악이 우리나라에 처음 들어온 것이 고려 예종 11년(1116)인 것으로 미루어 이때 이미 그 음악이 연주되고 있었음을 추측할 수 있다. 그러다가 조선 세종 대에 이르러 박연을 중심으로 주례에 맞는 예악 제도의 정비로 옛 제도에 가깝도록 복원된 문묘 제례악을 계승하게 되었다.

　문묘 제례악의 악장은 『세종실록(世宗實錄)』 권147 문선왕 석전악장과 『악학궤범(樂學軌範)』 권2에 전하고 있다. 전폐의 악장에는 자생민래 수씨기성(自生民來誰底其盛), 유왕신명 도월전성(惟王神明度越前聖), 자폐구성 예용기정(粢幣俱成禮容斯稱), 서직비형 유신지청(黍稷非馨惟神之聽)이 있다. 조선 세종 대에 새로 아악곡을 제정한 뒤 현재에 이르기까지 500여 년 동안 그대로 전승되고 있는 것이다. 문묘 제례악은 중국에서는 그 전승이 단절되었지만 우리나라에서는 석전대제를 통해 이어져 오고 있어 현재 유일한 아악으로 남아 있다.

　일무(佾舞) 역시 고려 예종 때 대성아악이 전해진 이래로 추어지기 시작하였으며 오늘날의 복식과 의물도 『시용무보(時用舞譜)』에 보이는 종묘 제례 일무의 옛 제도를 계승하고 있다. 문무의 경우 홍주의(紅

석전대제의 음악과 무용

의식 절차	문묘 제례악		일무
	주악 위치	연주 악곡	
영신례	헌가(軒架)	응안지악(凝安之樂)	문무(列文之舞)
전폐례	등가(登歌)	명안지악(明安之樂)	문무
초헌례	등가	성안지악(成安之樂)	문무
		서안지악(舒安之樂)	무무(昭武之舞)
아헌례	헌가	성안지악	무무
종헌례	헌가	성안지악	무무
음복례	헌가	성안지악	–
철변두	등가	오안지악(娛安之樂)	–
송신례	헌가	응안지악	–
망요례	–	–	–

周衣)에 남사대(藍絲帶)를 두르고 목화를 신으며 진현관(進賢冠)을 쓰고 의물로 왼손에 약(籥), 오른손에 적(翟)을 든다. 무무에서는 일무와 같은 의복에 피변관(皮弁冠)을 쓰고 왼손에 간(干), 오른손에 척(戚)을 든다.

이러한 일무의 동작에는 정준(正蹲), 정읍(正揖), 궁신(躬身) 등 예를 갖춘 동작들이 많이 나타나고 있으며 이는 의식무에서 볼 수 있는 위엄과 단아함, 그리고 단순 · 간결함의 절제미를 보여 주고 있다.

석전대제 때 사용되는 도구에는 다음과 같은 것들이 있다.

변(籩)은 대나무로 만든 제기이며 마른 음식이나 과일 등을 담는다. 여기에는 진자(榛子, 개암으로 잣 대용), 능인(菱人, 마름으로 은행 대용), 검인(芡仁, 가시연밥의 열매로 호도 대용), 녹포(鹿脯, 사슴고기포로 쇠고기포 대용), 율황(栗黃, 밤), 건조(乾棗, 대추), 어수(魚繡, 대구포), 형염(刑鹽, 마른 소금을 뭉쳐서 호랑이 형태로 만든 것)을 담는다.

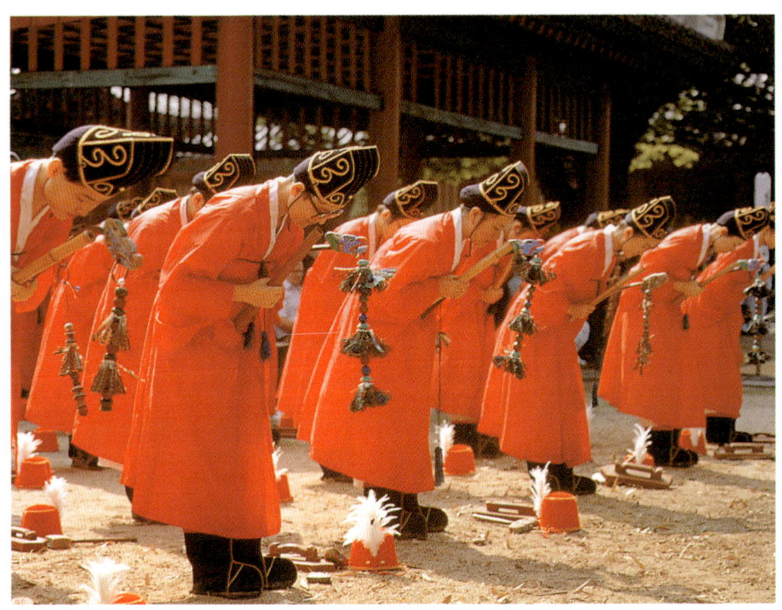

왼손에 약, 오른손에 적을 든 문무는 의식무에서 볼 수 있는 위엄과 절제미를 보여 준다.

두(豆)는 고기, 젓, 국 등과 같이 젖은 음식을 담아 놓는 나무로 만든 제기이다. 근저(芹菹, 미나리), 토해(兎醢, 토끼고기를 저며서 소금에 절인 것), 순저(筍菹, 죽순으로 도라지 대용), 어해(魚醢, 물고기 젓), 구저(韭菹, 부추), 탐해(醓醢, 고기 국물로 장조림 대용), 청저(菁菹, 무), 녹해(鹿醢, 사슴고기로 쇠고기 대용)를 담는다.

보(簠)는 도(稻, 벼는 쌀 대용)와 양(梁, 기장으로 차좁쌀)을 담아 놓는 제기로 궤와 합쳐 한 벌이다. 밖이 네모지고 안은 둥글다. 궤(簋)는 서(黍, 수수)와 직(稷, 핍쌀)을 담아 놓는 제기로 보와 합쳐 한 벌이다. 밖과 안이 모두 둥글다. 조(俎)는 시성(豕腥, 돼지고기), 양성(羊腥, 양고기나 염소고기), 우성(牛腥, 쇠고기) 등 희생(犧牲, 산짐승)을 담는 제기이다. 양쪽 끝은 붉은빛으로 칠하고 가운데는 검은빛으로 칠한다.

비(篚)는 신위에 드리는 폐백(幣帛) 따위를 담는 대나무로 만든 광주리를 말한다. 작(爵)은 동(銅)으로 만든 술잔으로 두 기둥에 세 발이 있고, 유(流)와 반금(叛金)이 있다. 점(坫)은 축판(祝板)이나 작(爵)을 놓기 위하여 동으로 네모나게 만든 평평한 받침을 말한다. 희준(犧樽)은 술항아리로 예제(醴齊)를 담고 초헌관이 올리며 명수(明水)도 담는다. 상준(象樽)도 술항아리이며, 앙제(盎齊)를 담고 아헌관이 올린다. 명수(明水)를 담기도 한다.

산뢰(山罍)는 산과 구름 모양을 겉에 새긴 동(銅)으로 만든 술항아리로 청주(淸酒)를 담으며 종헌관, 분헌관이 올린다. 이 밖에 현주(玄酒)도 담는다. 용작(龍勻)은 술이나 물을 뜨는 국자를 말한다.

석전대제에서의 제관 복색은 다음과 같다.

초헌관은 5성위(五聖位)에 향(香)을 사르고 첫잔을 올리는 제관(祭官)으로 제사의 주인이다. 7양관(梁冠)을 쓰고 제복(祭服)을 입는다. 현재는 성균관 관장이 맡아서 하고 있다.

아헌관은 5성위에 두 번째 잔을 올리는 제관으로 6양관을 쓰고 제복을 입는다. 종헌관은 5성위에 세 번째 잔을 올리는 제관으로 5양관을 쓰고 제복을 입는다. 동서종향분헌관(東西從享分獻官)은 종향위(從享位)에 향을 사르고 잔을 올리는 제관으로 5양관을 쓰고 제복을 입는다.

당상집례(堂上執禮)는 한문 홀기를 읽어 진행을 담당하는 제관으로 5양관을 쓰고 제복을 입는다. 당하집례(堂下執禮)는 동서무 진행을 담당하는 집례였으나 현재는 동서무에 위패를 모시지 않아 대성전 월대 밑에 서서 해설을 담당하는 제관이다. 4양관을 쓰고 제복을 입는

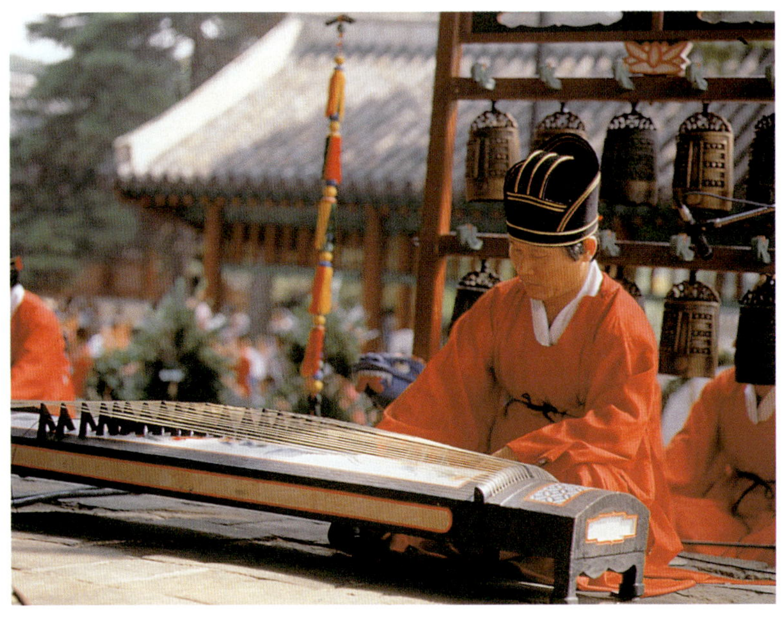

석전대제를 통해 이어져 오고 있는 문묘 제례악은 현재 세계에서 유일하게 남아 있는 아악이다.

다. 대축(大祝)은 축문을 읽는 제관으로 4양관을 쓰고 제복을 입는다.

전사관(典祀官)은 나라의 제수를 준비하고 제상 차리는 일을 맡은 제관이다. 양관을 쓰고 제복을 입는다. 묘사(廟司)와 봉향(奉香)은 양관을 쓰고 제복을 입는다. 봉향은 향(香)을 받드는 집사를 말한다.

향로를 받드는 집사인 봉로(奉爐)와 준소(樽所)에서 사준(司尊)이 따른 술잔을 받아 헌관에게 건네 주는 집사인 봉작 역시 양관을 쓰고 제복을 입는다.

전작(奠爵)은 헌관에게 술잔을 받아 신위 앞에 올리며, 사준은 준소에서 술을 잔에 따르는 집사를 말한다. 알자(謁者)는 헌관을 안내하는 제관이고 찬인(贊引)은 집례, 대축, 제집사를 인도하는 제관이다. 전작, 사준, 알자, 찬인 모두 양관을 쓰고 제복을 입는다.

우리나라의 석전대제는 중국이나 일본에도 남아 있지 않은 고래(古來)의 악기와 제기를 보유하여 사용하고 있다. 고전 음악인 문묘 제례악과 고무(古舞)인 팔일무(八佾舞), 제관이 입는 전통적이고 권위 있는 의상과 고전적 의식 절차 등이 화려하고 장중하여 예술적 가치가 클 뿐만 아니라 전세계적으로도 유일하게 그 원형이 잘 보존되어 있다. 또한 처음부터 끝까지 정숙하고 장중한 분위기 속에 진행된다. 공자를 비롯한 선성 선사(先聖先師, 안회)에 대한 제의이기 때문에 이때 연주되는 제례악도 장중하며 홀기에 따라 집전하는 제관들은 예복을 갖추어 입고 근엄한 모습으로 참례하게 된다.

석전대제는 성균관을 중심으로 전승되고 있으며 성균관 관장이 석전대제보존회의 회장을 맡고 있어 긴밀한 관계를 유지하고 있다. 현재 석전대제 보유자는 권오흥(權五興, 1936년생)이다. 권오흥은 유교문화 연구위원, 성균관 전학과 전의 등을 거쳐 석전대제 전례위원장 대행을 역임하면서 석전대제 전승의 경륜을 쌓았으며, 1996년 보유자로 인정되었다.

황해도 평산 소놀음굿
(黃海道平山소놀음굿)

지정번호 제90호
지정일자 1988년 8월 1일
현보유자 이선비(李先妣, 1934년생)

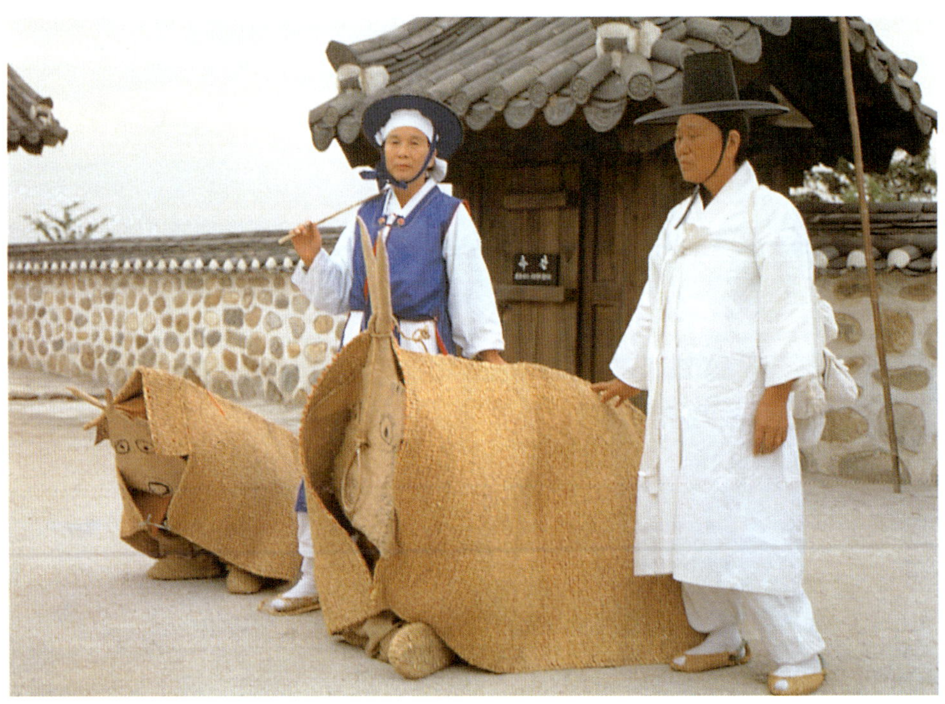

황해도 평산 소놀음굿은 농경 문화권에서 볼 수 있는 다산과 풍요를 기원하는 농경 의례의 하나이다.

황해도 평산 지방의 소놀음굿은 농경 문화권에서 볼 수 있는 다산과 풍요를 기원하는 농경 의례의 하나이다. 소는 농경 생활에서 경작은 물론 운반과 탈곡 과정에서 중요한 역할을 한다. 또 고대 문헌에 의하면 부여에서는 제천 의식(祭天儀式) 때 소를 잡아 발굽으로 점을 치고 소를 재물로 바쳤다는 기록이 있다. 『삼국사기(三國史記)』 「본기」에도 신라에서 소의 경작을 장려하였다는 기록이 있다.

한국의 소놀음굿은 '소머리굿', '소굿', '마부타령굿' 등으로 불리면서 무당이 주관하는 굿의 칠성제석거리 말미에 이어 놀아졌다. 이 굿이 정확하게 언제부터 시작되었는지는 자세하게 알려지지 않고 있으나 오래 전부터 굿판에서 농경 문화와 연관된 소를 등장시켜 대동적인 놀이를 벌여 온 것만은 확실하다.

볏짚이나 가마니, 멍석으로 소와 송아지를 만들어 사람이 쓰고 이것을 마부가 몰고 다니면서 춤추고 노래하고 대사를 하는 형식의 굿놀이는 현재 경기도 양주와 황해도 평산, 그리고 옹진에서 전승되고 있다. 소를 동반한 이 굿놀이는 사람이 소로 가장하여 몰고 다니면서 가무악(歌舞樂)을 동반하여 구경꾼들의 흥을 돋우는데, 풍농을 기원하고 액을 쫓으며 마을 주민들의 대동 단결을 모색하는 데 목적이 있다.

황해도 평산 소놀음굿은 여러 면에서 경기도 양주 소놀이굿과 비교된다. 이 두 굿은 모두 경사굿에서 제석거리에 이어 놀아지고 그 기원을 농경 의례에서 찾을 수 있다는 점이 같다. 그러나 연무대와 주역 등이 다소 다르다. 양주 소놀이굿의 놀이판은 굿의 주무대였던 마루에서 봉당과 앞마당으로 옮겨지고 주역이 무당에서 마부로 바뀐다. 굿의 진행도 마부 중심으로 연희로서의 구성을 갖추고 있다. 또 주역인 마부의 마부타령이 주가 되어 주로 소에 관한 내용으로 일관하고 있다.

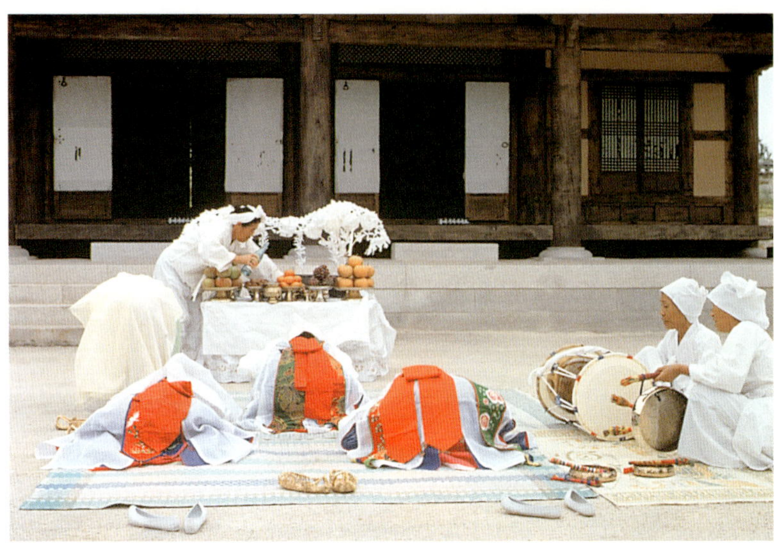

소놀음굿이 시작되기 전 만신들은 굿당을 향해 절을 올린다.

그러나 황해도 평산 소놀음굿에서는 제석이 중심이 되어 마부를 상대로 타령과 대담을 엮어 나가는데, 여기에서 제석신은 농경신 및 생산신으로서의 성격을 보여 준다.

황해도 평산 소놀음굿은 경사굿에서 제석굿에 이어 굿판이 집안 마루에서 마당으로 옮겨지면서 시작된다. 제석거리가 끝날 때쯤이면 굿청으로 마련된 마루에는 하늘에서 8선녀가 하강할 때 타고 내려올 수 있도록 여덟 개의 무지개를 상징하는 천을 늘어뜨려 놓는다. 그리고 8선녀가 하강한 다음 지상에서 목욕하는 곳이라 하여 여덟 개의 물동에 각각 물을 담아 두고 바가지를 띄운다. 이것은 소놀음굿에 등장하는 8선녀가 소놀음굿을 벌일 때 하강하여 인간들에게 복을 주고 승천하는 것을 의미한다.

제석 역을 맡은 주무(主巫)는 흰 장삼에 고깔을, 삼제석 역은 가사와 염주에 제석굿 복식을, 마부는 바지저고리에 벙거지를, 어미보살은

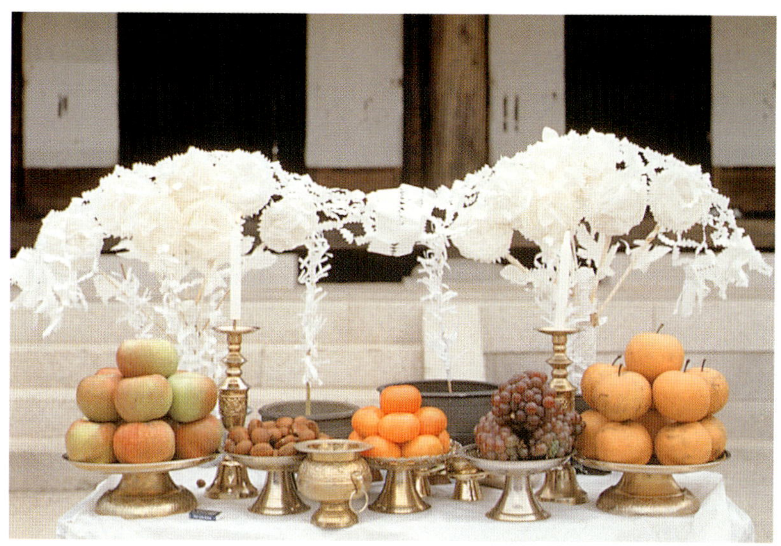

굿당에 진설된 신음식

치마저고리에 머릿수건과 허리에 조트래(바구니)를 찬다. 지장보살은 치마저고리에 호미를, 신농씨(神農氏) 역은 갓에 도포를 입고 책을 든다. 어미소 역과 송아지 역은 종이로 만든 쇠머리를 잡고 덕석(추울 때 소의 등을 덮어 주는 멍석)을 뒤집어쓴다. 동원되는 만신은 여섯 명이고 악기는 장구, 징, 저의 삼잡이가 맡는다.

소놀음굿이 시작되면 먼저 옥황상제님에게서 전갈이 왔다며 백지를 제석님에게 갖다 준다. 제석님이 그것을 읽고 타령조로 사설을 부르면 나줄들은 끝머리 사설을 만수받이로 받아, 옥황상제의 명을 받아 지상에 내려와 인간을 탄생시키고 조선을 개국하는 내용의 노래를 부른다. 제석님은 거상춤을 추면서 재배하여 옥황상제님께 조선국에 무사히 나왔음을 알린다. 이렇게 천상(天上)의 놀이가 끝나면 지상(地上)의 놀이로 넘어간다. 이제 농신, 산신, 수복신을 겸한 제석이 중신이 되어 마부를 상대로 타령과 대담을 엮어 나간다.

바지저고리 차림에 벙거지를 쓴 마부가 논갈이를 하는 어미소를 끌고 들어오면 송아지가 뒤를 따른다. 이때 마부는 제석님과 재담이나 노래를 주고받기도 하면서 한편으로는 소를 끌고 다니며 밭갈이를 한다. 어미보살은 치마저고리에 머릿수건을 쓰고 허리에 조트래를 찬다. 치마저고리에 호미를 든 지장보살이 김을 매면 갓을 쓰고 도포를 입고 책을 든 신농씨가 농사일을 감독하는 시늉을 한다.

이어서 소부리기, 쟁기 보습맞추기, 방차찧기, 지정다지기, 아이점지하기, 복(福)내리기 등의 놀이가 이어진다. 이때의 모든 음악은 굿판에서 사용되었던 무속 음악으로 연주된다. 이어서 쌍그네 작두타기가 이어지는데 그네 작두타기는 쌍작두를 약 4미터 높이의 그네에 매

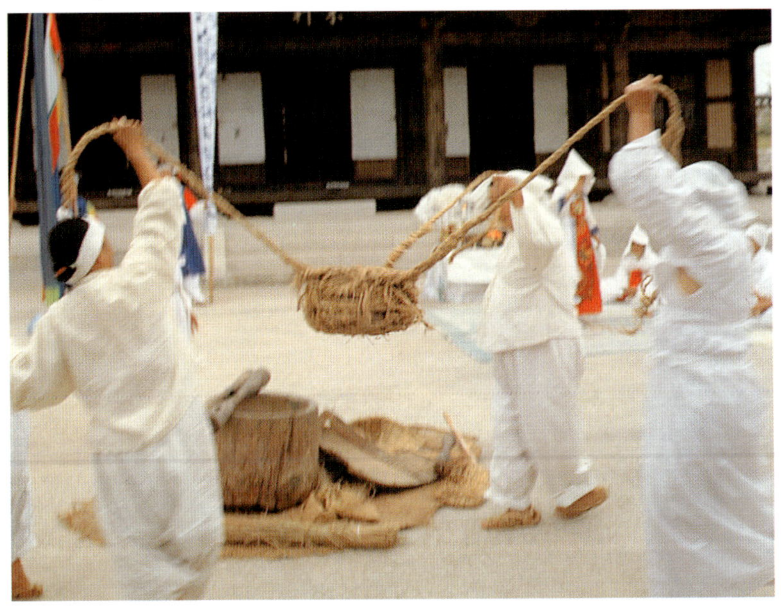

제석거리가 끝난 다음 여러 놀이가 이어지는데 그 가운데 하나인 지정다지기이다.

어 놓고 그 위에서 작두를 타면서 동시에 그네를 뛴다. 그네 작두를 타기 위해 작두에 잡귀가 범하지 못하고 부정한 것이 없어지도록 산신님과 장군님을 청한다. 그네 작두를 타고 난 다음 모든 소놀음굿을 끝낸제석님은 소를 타고 나졸들은 춤을 추며 굿판을 돌아 서천 서역국으로떠난다. 이로써 소놀음굿은 끝나고 나머지 굿거리들이 다시 이어진다.

평산 소놀음굿은 무업을 전문적으로 하는 무당들에 의해 진행되는놀이이지만 한편으로 불교적인 성격이 매우 강하다. 평산 소놀음굿의주된 내용은 단군님을 맞이하는 것과 제석님이 내려와 인간을 탄생시키고 조선을 개국하는 내용으로 꾸며진다. 무당이 청해 인간 세상에내려오신 제석님은 인간들에게 농사법을 가르친 다음 다시 하늘에서

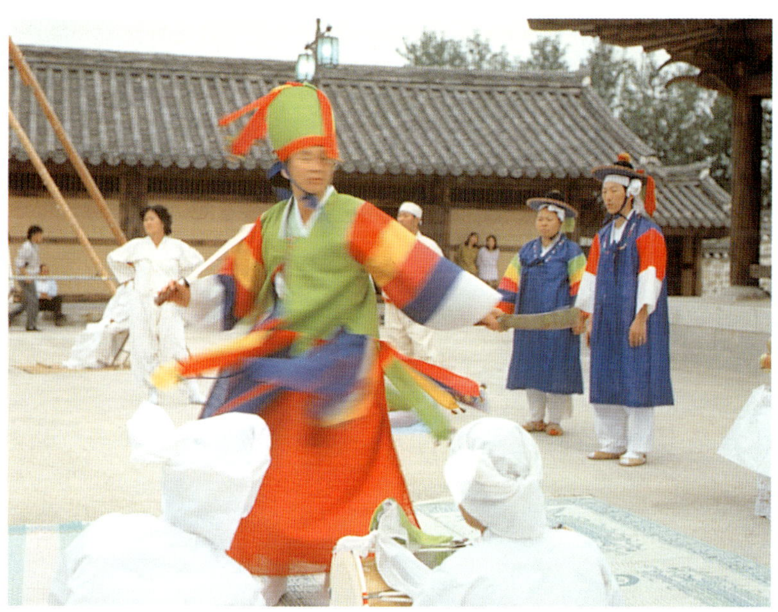

쌍그네 작두타기가 시작되기 전 무당은 장군님을 청해 들이기 위해 장군칼춤을 춘다.

데리고 온 나졸들과 함께 승천한다. 따라서 소는 농경신 또는 농경신의 사자(使者)로서 등장하며 지역 사회 주민에게 소놀이굿을 통해 풍요를 기원하고 주민들 사이의 화합을 다지는 기회가 된다. 이러한 황해도 평산 소놀음굿이 가지는 오락성, 예술성의 기능이 오늘날 전승되고 있는 평산 소놀음굿의 특징이라고 할 수 있다.

황해도 평산 소놀음굿은 평산 출신인 무녀 장보배(張寶培, 1915~1991년)가 일제 때 그녀의 신어머니 김씨에게 배워 그곳 굿판에서 놀았던 것이다. 해방 후 강화도로 월남하여 살다가 신딸 이선비(李先妣, 1934년생)를 얻었다. 1985년 장보배는 이선비를 마부로 하여 인천에서 황해도 평산 소놀음굿을 재현하였다. 이 굿은 1988년 중요무형문화재 제90호로 지정되었고, 장보배가 보유자로 인정되었다. 그녀가 타계한 뒤에는 이선비가 마부 · 그네 작두타기의 보유자로, 악사 이창호와 무녀 윤정화가 조교로, 지정다지기의 안금순이 보조자로 인정되었다.

경기도 도당굿(京畿道都堂굿)

지정번호 제98호
지정일자 1990년 10월 10일
현보유자 오수복(吳壽福, 1924년생)

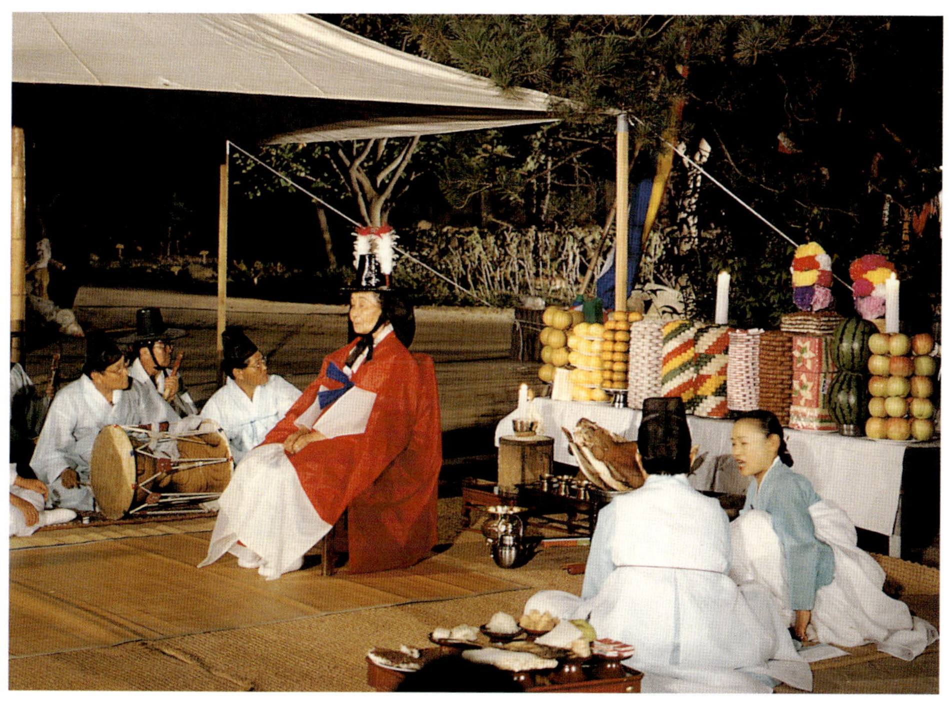

동막 마을에 전승되어 온 경기도 도당굿은 고대 사회의 제천 의례를 계승하였으며 조선조를 통해 내내 지켜져 내려왔다.

경기도 도당굿은 경기도 지역에 전승되어 오는 마을굿을 가리킨다. 한강 이남의 경기도에 속하는 부천, 인천, 수원, 오산, 안성 등지와 해안 지역에서 무당이 주관해 온 마을굿으로 한국전쟁 전까지만 해도 제법 활발하게 전승되어 왔다. 그러나 한국전쟁, 1960년대 새마을 운동과 급격한 도시화의 영향으로 거의 사라져 버렸다. 그런 가운데 지금은 동막의 도당굿이 경기도 도당굿의 맥을 겨우 잇고 있다.

동막은 바다 갯벌과 연해 있으면서 농사도 짓는 아담한 자연 부락으로 1980년대 초 200가구에 1,000여 명의 주민이 살고 있었다. 이 가운데 어업에 종사하는 가구는 160여 호로 이들은 배를 부리는 것이 아니라 갯벌에 건간망(建干網)을 매어 두고 걸려드는 물고기나 조개를 잡았다. 마을에 당집은 없고 마을 가운데 있는 야산에 도당할아버지와 도당할머니의 당가리를 모셔 놓았다. 당가리 옆에는 제기를 둔 볏가리가 또 하나 있어 굿이나 고사를 지낼 때 그 제기를 사용한 다음 그곳에 도로 보관하였다.

인천광역시 남구 동춘동의 동막 마을에 전승되어 온 경기도 도당굿의 정확한 기원은 알려져 있지 않으나 마을굿이 고대 사회의 제천(祭天) 의례를 계승한 사실을 헤아리면 그 역사의 장구함을 알 수 있다. 마을 한 쪽의 동산 위 소나무 숲 속에 도당할아버지와 할머니를 모신 당가리가 두 개 있는데, 300년이 넘은 것이리 하니 조선조를 통해 이 도당굿이 내내 지켜져 내려왔음을 짐작할 수 있다.

일제 때까지 매년 음력 2월 초에 중단 없이 거행되었던 이 도당굿은 해방 후에는 2년에 한 번씩 거행하고 있다. 그에 따라 대형 줄타기, 사흘 동안의 돌돌이 유가(遊街) 등이 사라져 버렸고 규모도 축소되었다. 오늘날에는 비록 쇠잔한 형태이지만 마을 수호신을 중심으로 지역적

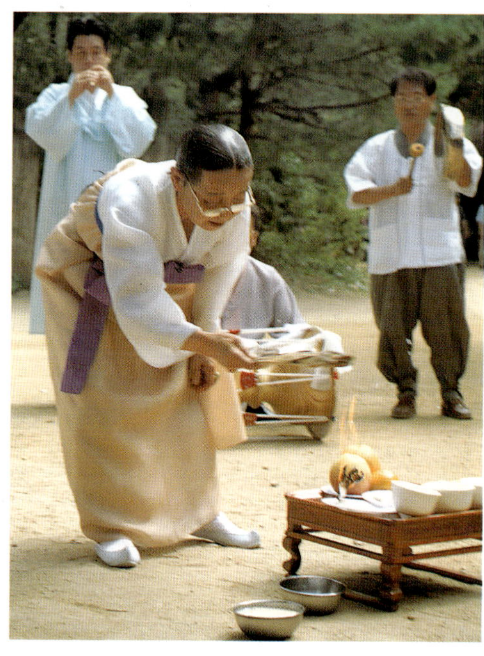

당주집에서 굿당까지 올라가는 중간에 길거리의 부정을 치우는 거리부정을 한다.

화합을 다지는 마을 축제로서 핵심적 기능이 전승되어 온다.

근래 음력 3월에 행해지는 동막 도당굿에서는 굿에 앞서 3당주(堂主)를 뽑는다. 뽑힌 3당주들은 당가리 노구메(산천의 신령에게 제사하기 위하여 노구솥에 지은 메밥)에 조라술을 올리고 고사를 지낸다. 옛날에는 미지〔女巫〕 두세 명에 사니〔男巫〕 20여 명이 참여하여 며칠씩 놀았는데 1980년대에는 이용우, 조한춘, 서간난 등이 서울 지역 강신무의 도움을 받아 굿을 치르는 정도이다. 이전에는 마을 입구의 넓은 들에 굿청을 차렸으나 요즈음은 당가리 10미터 앞에 천막으로 친다.

굿은 당주굿—거리부정—안반고수레—부정굿—도당모시기—돌돌이—장문잡기—시루말 또는 시루도둠—제석굿—본향굿—터벌림 또

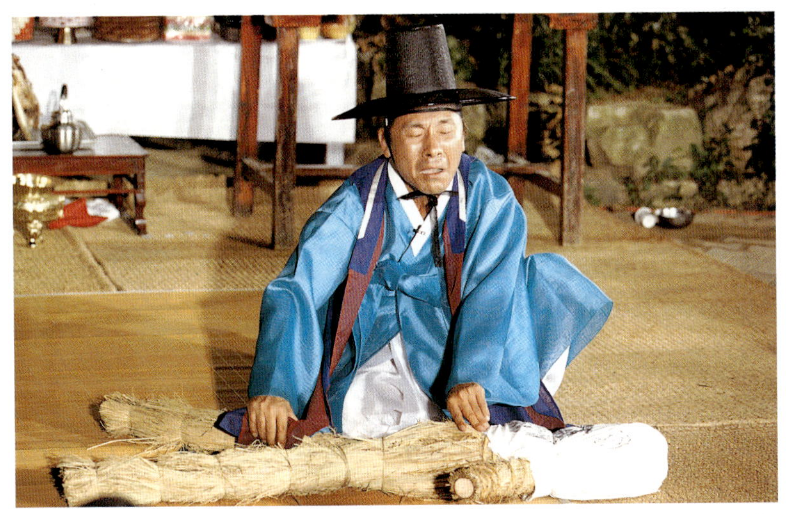

굿의 마지막 절차인 뒷전에서 화랑이가 어둥이와 재담을 나눈다.

는 터잡이-손굿-군웅굿-도당보내기-중굿-뒷전의 16제차로 진
행된다.

도당굿 전날 상당주 또는 3당주의 집을 돌며 행하는 일반적인 재수
굿이 당주굿이다. 당주집에서 굿당까지 올라가는 중간에 길거리의 부
정을 치운다. 굿당에 도착하여 큰 시루를 찌기 전에 주변의 잡귀나 잡
신에게 풀어 먹이는 안반고수레를 한다. 그리고 부정굿에서는 앉은부
정과 선부정으로써 의례 장소를 정화한다. 도당모시기는 도당신을 모
시는 제차를 말하는데, 신대를 꺾어 든 마을의 대잡이에게 신이 내리
면 당가리 앞으로 가서 도당신을 모셔 굿청으로 되돌아온다.

돌돌이란 마을의 장승과 공동 우물에 가서 화랑이(박수무당)가 간단
히 빌고 재담하는 것을 말한다. 장승은 굿하는 날 아침 새로 깎아서 세
운다. 돌돌이패는 또 원하는 집을 돌며 집안의 평안과 자손 창성을 빌

고 논다. 다음의 장문잡기는 굿당에서 군웅마나님께 대취타 연주를 올리는 거리이다. 이어 시루말을 노는데, 당에서 굿하는 장소로 모셔 온 도당할아버지와 도당할머니가 굿을 잘 받으셨는지는 시루가 쉽게 들어올려지느냐 아니냐로 확인한다. 이 거리가 끝나면 남자들은 굿당 앞에서 직접 장만한 음식으로 저녁을 먹는다.

제석굿은 제석님을 위한 거리이다. 굿꾼이 앉아서 장구를 치며 서사무가인 당금애기풀이를 창한다. 이어 흰 장삼에 고깔을 쓰고 붉은 가사를 걸친 무녀가 바라춤을 춘다. 다음은 본향굿으로 군웅조상, 도당조상, 본향조상을 모셔서 집집마다 평안과 자손 창성을 축원한다. 터벌림에서는 화랑이들이 한 사람씩 나와 춤, 묘기 등으로 여흥을 돋운다. 이어지는 큰거리를 하기 전 굿터를 벌여 놓는다는 의미이다.

손굿은 손님, 곧 마마(천연두)신을 위한 거리이다. 역시 화랑이가 전담한다. 손님과 원당 사람과의 씨름인 깨끼에서 손님이 이기고, 조선국에 들어오는 노정기(路程記)를 부른다. 이어 장수신을 위한 군웅굿으로 긴 밤을 지새게 된다. 굿꾼과 무녀의 쌍군웅춤, 무녀에 의한 군웅 노정기 노래, 굿꾼이 총포로써 잡귀를 물리는 것, 활과 화살을 들고 영산을 놀리는 대목 등이 놀아진다.

새벽이 되어 날이 밝아 오면 도당신을 당가리에 다시 좌정시키고 돌아오는 도당보내기를 한다. 다음의 중굿은 신장굿이라고도 한다. 고깔, 장삼 차림의 굿꾼이 익살스럽게 놀고는 동네 축원을 주고 중수비를 풀어 준다. 끝으로 뒷전에서는 어둥이(주무)와 상대역인 화랑이 두 명의 재담이 진행되면서 각종 잡귀 잡신을 놀리고 풀어 먹인다.

경기도 도당굿은 예술성이 뛰어나고 전통 문화의 연구와 이해에도 매우 중요하다. 선율은 육자배기토리(시나위종)로 되어 있고 장단은 도살풀이, 모리, 발버드래, 덩덕궁이, 푸살로 엮어지는데 그런 무가는 현재 경기도 도당굿밖에 없다. 선굿꾼이 중모리, 중중모리, 자진모리 장단에 패기성음(판소리계면과 평조성음)으로 여러 거리에서 소리하는 것 또한 경기도 도당굿이 유일하다.

1980년대 초 경기도 도당굿의 기예를 보유하고 있던 무당은 이용우, 조한춘, 서간난 등 세 명에 불과하였다. 이용우는 경기도 화성군 오산 읍의 세습 무가에서 태어나 유명한 판소리 창자(唱者)였던 계모 박금초에게 소리를, 부친 이종하에게 춤을 배웠다. 또한 대금도 익혀 60여 년 동안 오산, 안성, 수원 지역에서 도당굿의 큰거리인 군웅굿, 뒷전 등을 맡았다. 조한춘은 김포군 양촌면 대포리 출신으로 외가가 세습무 집안이었다. 어려서부터 재주가 뛰어나 여덟 살에 도당굿에 다니기 시작하였다. 여러 악기에 두루 능하고 굿을 잘하였다. 무녀 서간난의 맏사위였다. 서간난은 김포 출신으로 스무 살에 신이 내려 부평, 김포, 인천 일대에서 가장 노련한 무당으로 여겨졌다.

경기도 도당굿은 1990년 중요무형문화재 제98호로 지정되었다. 당시 조한춘과 무녀 오수복(吳壽福, 1924년생)이 보유자로 인정되었으나 조한춘은 1995년 타계하였다.

서울 새남굿

지정번호 제104호
지정일자 1996년 5월 1일
현보유자 김유감(金有感, 1924년생)

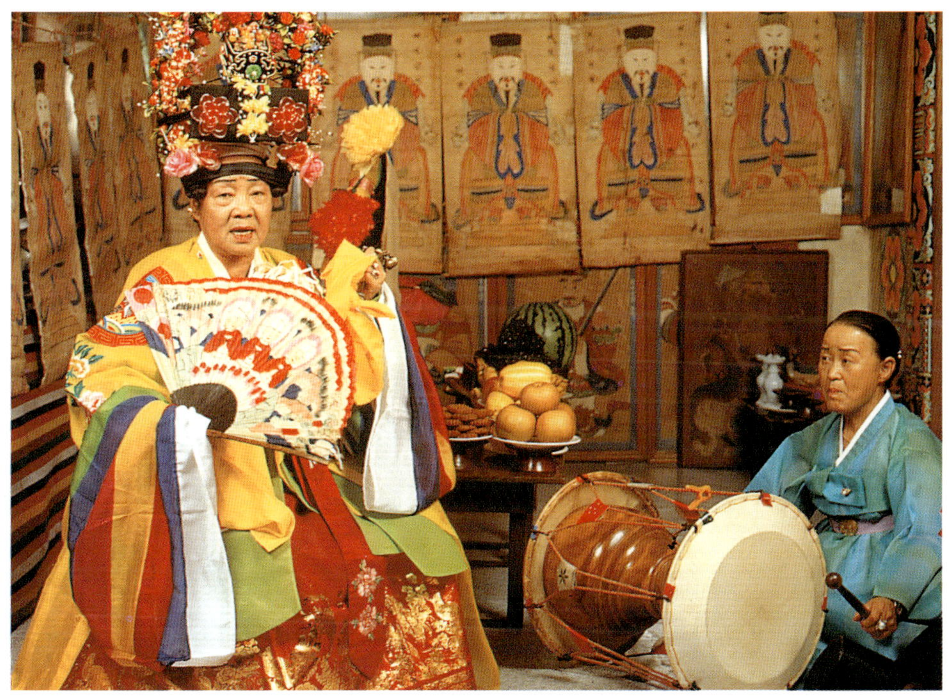

일반적으로 진오기 또는 진오귀라 불리는 서울 새남굿은 전통적인 망자천도굿에 속한다.

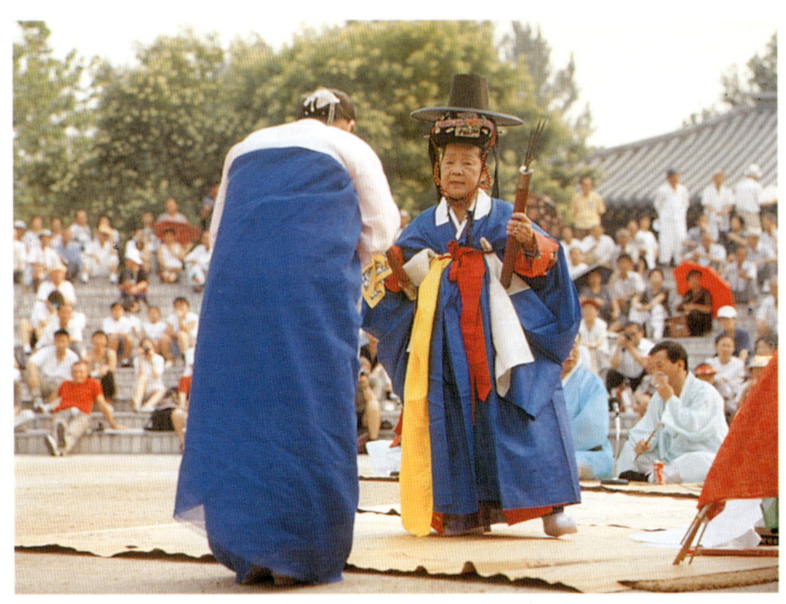

상산거리는 최영 장군 신령님께 제가의 소원성취를 기원하는 거리이다.

서울 새남굿은 서울 지역의 전통적인 망자천도굿에 속한다. 서울 지역의 망자천도굿은 일반적으로 진오기 또는 진오귀라 불린다.

진오기굿은 그 규모와 제가(祭家)집의 계층적 위상에 따라 평진오기, 얼새남, 새남굿 등 세 종류로 나뉜다. 평진오기는 하층민이나 가난한 집안의 망자를 위한 굿이고, 얼새남은 중류층 사람들을 위해 놀아졌으며, 새남굿은 상류층이나 부유층을 위한 망자천도굿이다.

새남굿에는 불교의 저승 신앙 내용과 망자에 대한 유교적인 예의 요소가 포함되어 있어 무(巫), 불(佛), 유(儒)의 종교 습합을 잘 보여 준다. 거기다 궁중의 화려한 복식과 우아한 춤사위 그리고 각종 정교한 의례 용구를 갖추고 있다. 이를 보면 이 굿은 무의 전통적 망자 의례를 바탕으로 하여 조선왕조에 들어와 점차 형성되다가 17, 18세기경 오늘날의 형태로 굳어졌으며, 상류층을 중심으로 두루 놀아졌으리라 추

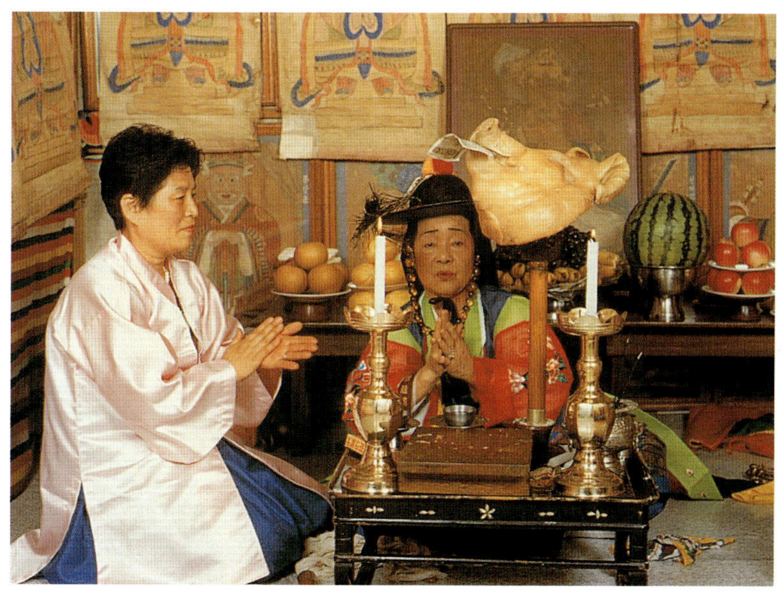

별상거리는 연산군, 광해군, 사도 세자처럼 왕위를 비극적으로 잃은 별상을 모셔 놓고 노는 거리이다.

측된다.

서울은 조선왕조 개국 이래 오늘에 이르기까지 600년이 넘도록 번영과 발전을 지속해 온 곳이다. 따라서 서울은 모든 분야의 중심지이고 서울 새남굿 역시 다른 지역의 굿에 비해 매우 화려하며 정교하고 치밀한 구조를 갖추고 있다.

새남굿은 크게 안당사경맞이와 새남굿으로 구성되며 안당사경맞이는 새남굿의 전날 밤 여덟 시쯤 시작하여 이튿날 새벽 여섯 시까지 밤새 논다. 만신들과 잡이는 좀 쉬었다가 오전 열 시쯤부터 새남굿에 들어간다.

안당사경맞이의 거리 순서와 내용을 살펴보면 주당물림─부정─가망청배─진적─불사거리─도당거리─초가망거리─본향거리─조상거리─상산거리─별상거리─신장─대감거리─성주거리─창부거리—뒷전으로 짜여 있다. 조상거리에서 망자의 혼을 모셔 초영실을 노는 것이 일반 재수굿과 다를 뿐이다.

주당물림은 제가집 안의 주당살을 제거하고 부정에서는 모든 부정을 물리쳐 굿판을 의례적으로 정화한다. 가망청배로 모든 신령을 굿 장소에 청해 모시고 이어 진적에서 신령들에게 술잔을 올린다. 불사거리는 불사, 천존, 일월성신, 칠성 등 천신(天神)들을 위한 거리이다. 도당거리에서는 마을 수호신을 모셔 논다. 초가망거리는 본향의 무당 조상을 위한 거리이고 본향거리에서는 제가집 본향의 산신대감, 호구, 말명, 조상 등을 위한다.

조상거리에서는 제가의 4대 조상을 모신다. 이 거리에 붙여 만신은 망자의 저고리를 걸치고 초영실을 논다. 상산거리는 개성 덕물산의 최영 장군을, 별상거리는 연산군, 광해군, 사도 세자처럼 왕위를 비극적으로 잃은 별상을 모셔 논다. 신장이란 오방신장(五方神將)을 말한다. 대감거리에서는 군웅대감, 몸주대감, 터줏대감을 놀린다. 성주신을 위한 거리가 성주거리이고 무당의 예능신인 창부씨를 위한 창부거리가 이어진다. 이 거리 끝에 계면떡을 굿판에 나누어 주며 판다. 끝으로 뒷전에서는 안당사경맞이 동안 집 밖에 물려 놓은 각종 잡귀 잡신을 불러 종류별로 놀리고 먹여 보낸다.

이어지는 새남굿은 새남부정—가망청배—중디밧산—사재삼성거리—말미—도령(밖도령)—영실—도령(안도령)—상식—뒷영실—베가르기—시왕군웅거리—뒷전으로 진행된다.

중디밧산에서 만신은 앉은거리로써 시왕의 영검을 찬양하는 시왕풀이를 부른다. 망자의 혼을 호위, 인도하는 저승사자를 놀리는 거리가 사재삼성거리이다. 말미에서 만신은 옛 왕녀의 화려한 복식으로 차린

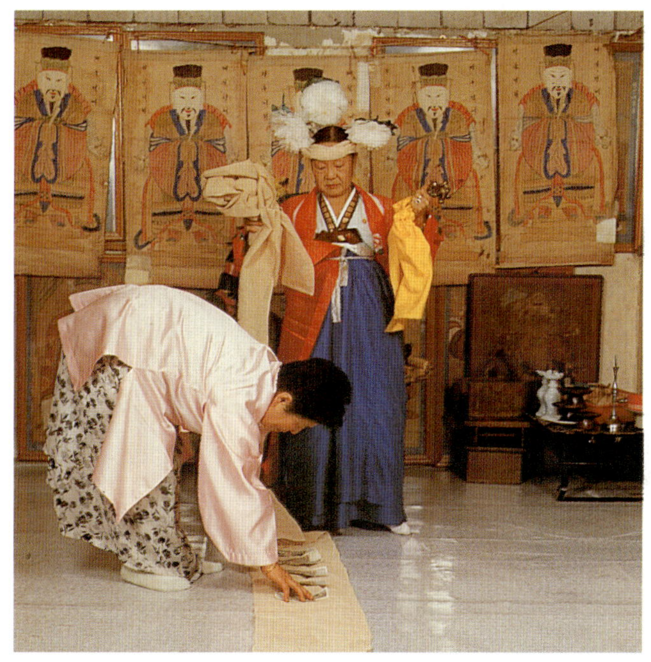

새남굿의 사재삼성거리에서는 망자가 편안하게 저승세계에 가도록 기원한다.

채 무조(巫祖)로 섬겨지는 바리공주의 무가를 부른다. 도령은 밖도령 과 안도령으로 나뉘고, 밖도령부터 마당에서 치른다. 왕녀 복장의 만 신은 지장보살을 모신 연지당 앞에 세워진 저승문 앞을 돌고 문사자 (門使者)와 이야기를 나누고 문을 통과한다. 이어 영실에서는 망자가 연지당 앞에서 자신의 억울한 사정을 호소하며 지장보살의 자비를 구 한다. 안도령은 망자의 혼을 인도하는 바리공주가 저승의 열두 대문을 안전하게 통과하려고 애쓰는 대목이다.

　상식은 유족이 망자에게 유교식 제사를 드리는 거리이다. 뒷영실에 서 망자의 혼이 만신에게 씌우면 만신은 유족들에게 마지막 당부의 말

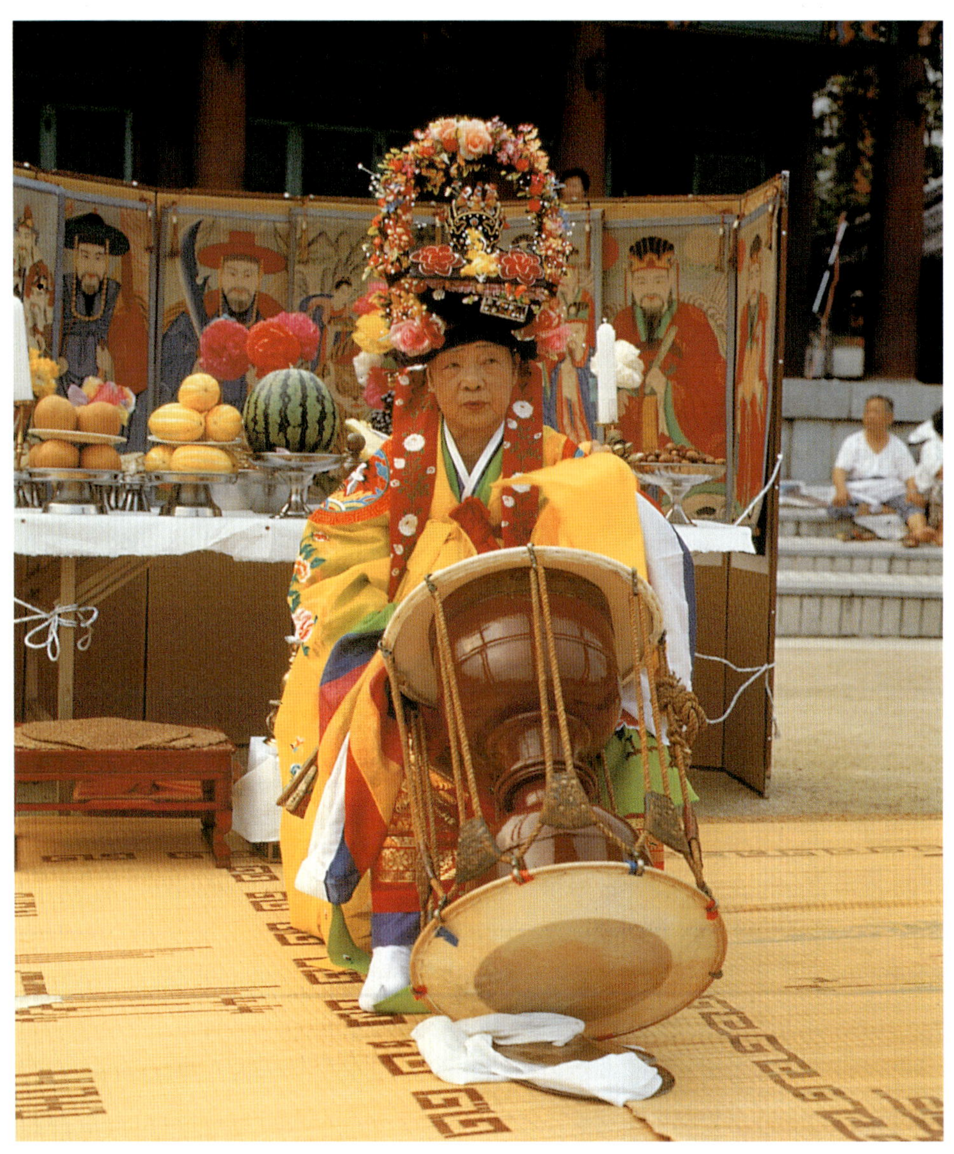

바리공주 거리를 하고 있는 보유자 김유감

을 전한다. 그 다음 만신이 각기 이승과 저승의 다리를 상징하는 무명과 베를 몸으로 찢어 그 길을 헤쳐 줌으로써 망자의 혼을 저승세계로 무사히 천도한다. 시왕군웅거리에서는 저승의 십대왕을 호위하는 신장들에게 망자의 혼의 인도와 보호를 기원한다. 끝으로 뒷전에서는 새남굿에 왕림한 제반 신령들에게 모든 정성이 완료되었음을 알려 배송하고 잡귀, 잡신도 대접하여 돌려보낸다. 굿에 사용되었던 영실 의대와 기명 그리고 경전 문구 등은 한 곳에서 소각된다.

전통적 새남굿에서는 만신 다섯 명과 잡이 여섯 명이 참여하는데 주무(主巫)를 위시한 만신 다섯 명이 거리를 나누어 맡는다. 새남굿에는 원래 삼현육각이 잡혔고 장구, 북, 대금, 피리 한 쌍, 해금의 여섯 잡이가 동원되었다.

요즘은 대개 만신 세 명에 잡이 세 명 정도로 굿을 논다. 새남굿의 음악은 대부분 일반굿에서 사용되지 않는 것들로 주로 궁중 음악을 사용하는 점이 특징적이다. 복식도 다양하고 화려하여 궁중 문화의 영향을 엿볼 수 있다. 새남굿의 신복으로 가장 돋보이는 것은 바리공주의 복식이다. 옛 왕녀의 복식이라 하는데 머리에 쓰는 용뿔 모양의 용각머리는 화려할 뿐 아니라 위엄을 갖춘 듯 보인다.

소도구로는 연지당, 저승문, 시왕탱화, 세발심지 등이 마련된다. 연지당은 인간을 저승으로부터 구제한다는 지장보살을 모신 제단이다. 저승문은 제단 앞에 문의 형태만으로 장식되어 세워진다. 시왕 등 저승 관련 신령들의 탱화가 또 마당에 걸린다. 세발심지는 말미를 드린 다음 소용된다. 종이를 꼬아 발이 셋 되게 만든 이 심지를 수북이 부어 놓은 쌀 위에 놓고 태운 뒤 쌀 위에 생겨 난 무늬로 망자의 내생(來生)을 점친다.

　　서울 새남굿은 1996년 중요무형문화재 제104호로 지정되었다. 운현궁에서 새남굿을 놀았다는 나라무당 반승업의 딸 김유감(金有感, 1924년생)이 보유자로 인정되었다. 무녀 이상순(李相順, 1950년생)과 악사 김정치(金正治, 1939년생)가 보조자로서 그 전승과 보존을 돕고 있다. 이 밖에 강윤권, 한부전은 새남굿의 명인으로 김정길, 허용업 등은 명인 집안 출신의 잡이로서 함께 서울 새남굿의 명맥을 지키고 있다.

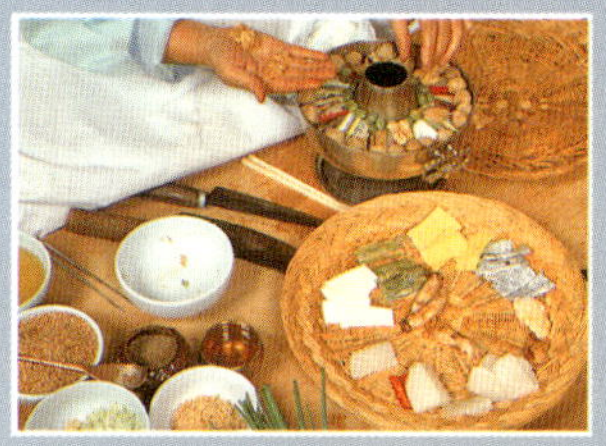

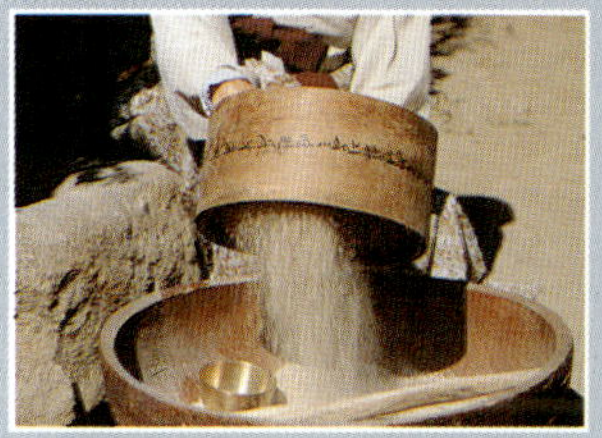

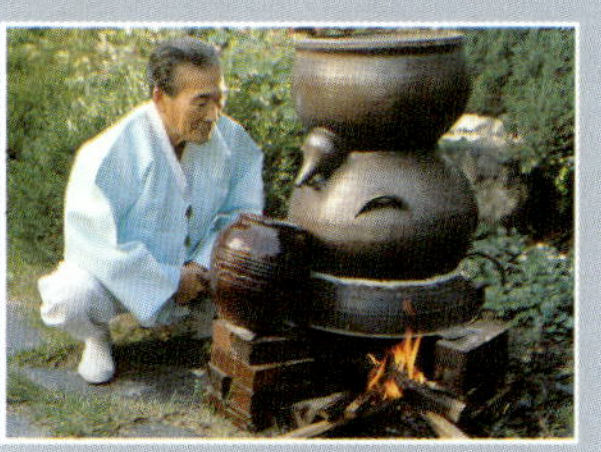

구중궁궐에서 전수되어 온 궁중 음식의 비법 가문마다 빚어온
향토 술 3종목을 소개한다. 국적을 알 수 없는
요즘의 음식 문화를 되돌아보는 한편
전통 음식에 담겨 있는 맛과 향기를 느끼게 될 것이다.

조선왕조 궁중 음식
(朝鮮王朝宮中飮食)

지정번호 제38호
지정일자 1970년 12월 30일
현보유자 황혜성(黃慧性, 1920년생)

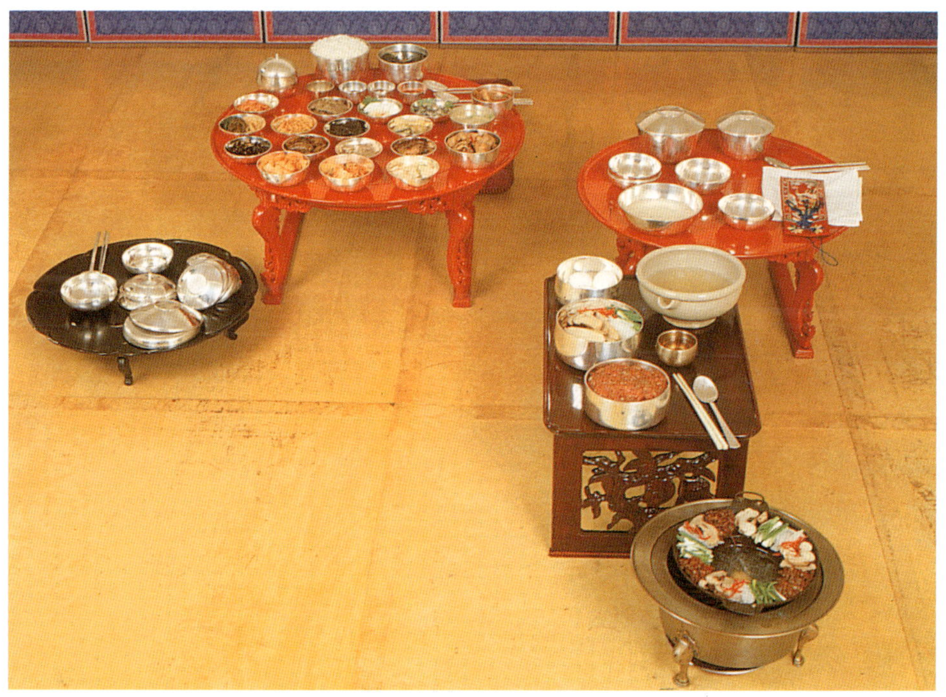

조선왕조 궁중 음식은 폐쇄성이 강한 궁궐에서 전승되어 왔기 때문에 전통성이 잘 계승되어 왔다.

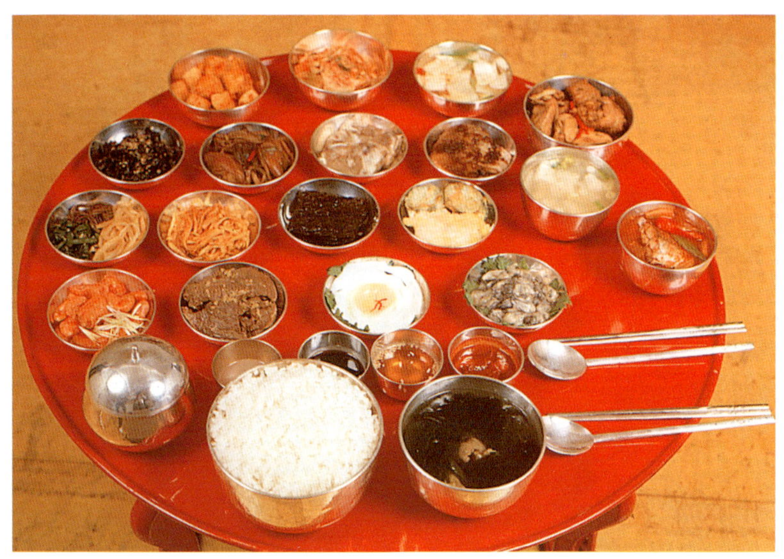

임금님의 수라상 가운데 12첩 반상 차림인 원반.

조선왕조 궁중 음식이란 조선시대 궁궐에서 차리던 음식을 말한다. 따라서 좋은 재료로 온갖 솜씨를 발휘하여 만든 음식이고 전문 조리사가 요리 기술을 개발하고 전수하여 역사성 또한 유구하다. 더욱이 폐쇄성이 강한 궁궐에서 전승되어 왔기에 그 전통성이 잘 계승되어 왔다고 할 수 있다. 그러나 조선왕조의 몰락과 함께 궁중 음식은 사라지게 되었고 일제 강점기와 한국전쟁 등 급격한 정치·사회적 혼란 속에서 우리 고유의 음식 문화도 크게 변질되어 갔다. 따라서 조선시대 궁중에서 차려졌던 음식 문화를 오늘에 계승할 수 있었던 것은 기능 보유자들의 부단한 노력에 의한 것임을 부정할 수 없다.

조선시대 궁중의 식생활은 『경국대전(經國大典)』, 『조선왕조실록(朝鮮王朝實錄)』과 각종 『진연의궤(進宴儀軌)』, 『진작의궤(進爵儀

軌)』그리고『궁중음식발기』등에 기록해 놓은 기명(器皿), 조리 기구, 상차림 구성법, 음식명과 음식의 재료 등을 통해 상세하게 알 수 있다.

그러나 실제 조리법은 직접 궁중 음식을 조리하였던 마지막 주방 상궁 한희순(韓熙順, 1889~1972년)만이 알고 있었다. 따라서 오늘날의 궁중 음식은 그에게 기능을 전수받은 이들에 의해 재현되고 있다.

궁중에서의 일상(日常) 음식에는 이른 아침의 초조반상(初朝飯床), 아침과 저녁의 수라상(水刺床)과 점심의 낮것상 등 네 차례가 있다. 이른 아침(일곱 시 이전)에는 초조반으로 죽과 마른찬을 차린 죽상을 마련하며 수라상은 12첩 반상 차림으로 원반과 곁반, 전골상으로 구성한다. 또한 팥수라(팥물밥)와 백수라(흰 쌀밥)에 육류, 채소류, 해물류 등 다양한 재료로 여러 가지 조리법을 고르게 활용하여 찬물을 마련하고 김치류와 장류 등을 차리는 등 식사 예법도 세련되었다. 점심상이나 간단한 손님상은 면상으로 차린다. 궁중의 연회식은 왕과 왕비의 탄일, 회갑, 세자 책봉 등 왕실에 경사가 있을 때나 진찬(進饌), 진연(進宴), 진작(進爵) 등 궁중의 잔치, 그리고 외국 사신을 영접할 때 차려졌다.

12첩 반상 차림과 수라상, 면상의 찬품

종류	찬품명
주식류	수라, 죽, 응이, 면(麵), 만두류
찬물류	탕, 조치, 찜, 선(膳), 전골, 볶음, 구이, 적(炙), 전유화, 편육, 숙채, 생채류, 겨자채, 구절판, 전복초, 홍합초, 장과, 조리개, 육포, 족편, 육회, 어회, 숙회, 쌈, 어채, 김치류, 장류
병과류	각색편, 각색단자, 두텁떡, 화전, 인절미, 약식, 주악, 각색정과, 다식, 과편, 유밀과(약과), 강정(산자), 숙실과(밤초, 대추초, 율란, 조란, 강란)
화채류	청면, 화면, 오미자화채, 식혜, 수정과, 배숙, 수단

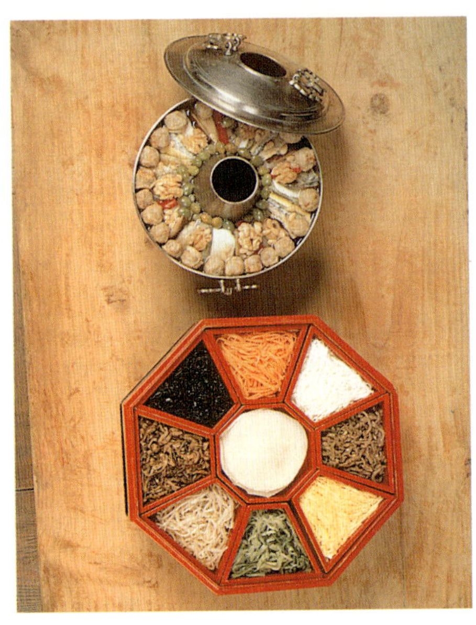

신선로와 구절판

　잔치를 기록한 의궤(儀軌)의 찬품조에는 차린 상차림의 종류와 음식명, 재료 등이 적혀 있다. 대전(大殿, 임금이 거처하는 궁전)과 중궁전(中宮殿, 왕비가 거처하는 궁전), 대왕대비전에는 고임상〔進御饌案〕을 차리고 종친 및 여러 신료(臣僚), 관원(官員), 군사(軍士)에게도 상을 차려서 대접하였다.

　기용(器用)조에는 잔치에 쓰이는 상과 그릇, 기구, 상화〔床花, 잔칫상 따위에 꽂는 조화(造花)〕 등의 그림이 실려 있다. 궁중의 연회 음식은 반기(잔치나 제사를 지낸 뒤에 여러 사람에게 돌라 주는 음식)라는 풍습으로 사대부에 전해지고, 이는 다시 서민에게까지 전달되어 우리의 음식 문화에 영향을 주었다. 민가에서 혼례나 회갑 때 고배 상차림을 하는 것도 궁중 연회의 고배 상차림이 전파된 것으로 여겨진다.

　중요무형문화재 조리 기능으로 지정된 종목은 12첩 반상 차림의 수라상과 면상에 차려지는 찬품들이며 궁중 음식 가운데 진연상과 제례

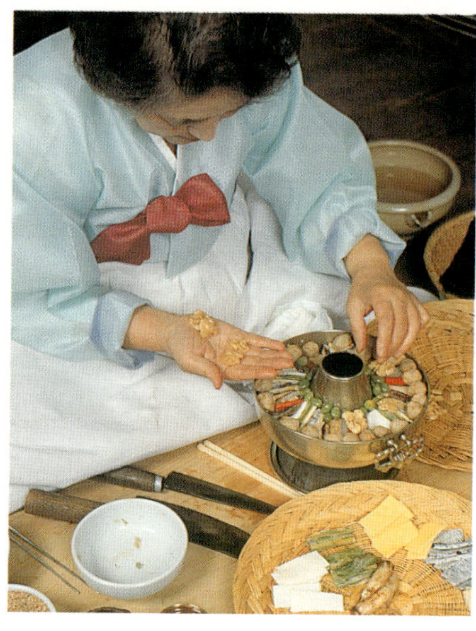

궁중음식 기능 보유자
황혜성

음식은 아직 지정되지 않았다.

궁중 음식의 조리 기술은 궁중에서 그 소임을 맡은 내인들의 손에서 손으로 전승되어 온 것이다. 따라서 그 어느 것 하나 소홀히 전수된 것이 없다. 이러한 궁중 음식을 기본 바탕으로 한국 음식 문화의 기본틀을 보존 발전하는 계기를 마련해야 할 것이다.

한희순 상궁의 궁중 음식 조리 기능은 조리 기술, 상차림, 기명, 주방 제도 등 여러 면에서 조사되어 1970년 중요무형문화재 제38호로 인정되었다. 한희순에 이어 1973년 제2대 기능 보유자로 인정된 사람은 황혜성(黃慧性, 1920년생)이다. 황혜성은 궁중 음식을 포함한 전통 음식의 전승 보호를 목적으로 사단법인 궁중음식연구원(1971년)을 설립하고 전수생과 일반인들을 대상으로 전수 교육을 실시하여 궁중 음식 연구의 중흥을 이루었다. 현재 그의 기능은 한복려(韓福麗, 1947년생)와 정길자(鄭吉子, 1948년생)에게 전승되고 있다.

향토 술 담그기

지정번호 제86호
제86-가호 문배주
제86-나호 면천 두견주
제86-다호 경주 교동 법주
지정일자 1986년 11월 1일

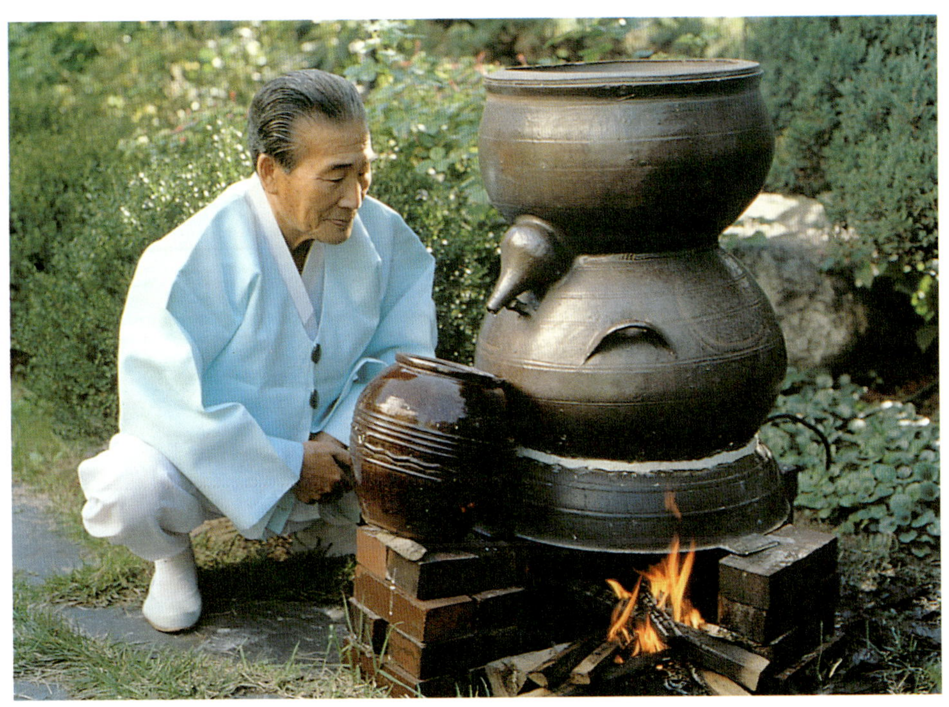

우리의 전통 민속주는 곡주에서 시작해 청주, 증류주로 발전되어 왔다.

우리나라에서 언제부터 술을 마시기 시작하였고 어떻게 빚어 왔는지는 자세히 알려져 있지 않다. 단지 고구려 동명왕의 건국 설화에 천제의 아들 해모수가 하백의 셋째딸을 유인할 때 술을 마셔 취하게 하였다는 것으로 보아 유래가 오래되었을 것으로 추측할 따름이다.

우리나라 전통 민속주는 크게 곡주(穀酒), 청주(淸酒), 증류주(蒸溜酒)로 나뉘는데 곡주(탁주)에서 시작해 청주(약주), 증류주로 발전된 것으로 추정된다. 곡주란 멥쌀이나 찹쌀을 주원료로 하고 누룩을 사용해 빚는 술로 전통 민속주의 대부분이 여기에 속한다.

탁주와 약주는 제조상 병행복발효(竝行複醱酵)로 양조주를 그냥 걸러서 마시는 막걸리와 용수를 박아 맑게 뜬 술을 마시는 청주로 나뉜다. 조선 말기의 조사에 의하면 탁주는 주로 서울 이남에서 빚어져 하층 계급에서 소비되었으며 중양법(重釀法)을 쓰지 않고 멥쌀로 막누룩을 만든 다음 물을 부어 섞어 빚었다고 한다. 반면 약주는 주로 서울 부근의 중류 계급 이상에서 소비되었고 찹쌀과 가루누룩으로 주모(酒母, 술밑)를 만든 다음 여기에 찹쌀을 첨가하여 만들었다고 한다.

약주는 밑술(술밑, 주모)을 만든 다음 1차 덧술하는 이양법(二釀法)과 밑술에 2차 덧술하는 삼양법(三釀法)이 있었다. 또한 약주를 빚을 때 한약재나 과실 등의 부재료를 첨가하여 약용주를 빚었는데 이 약용주는 민간 요법으로 사용해 온 독특한 술이라고 할 수 있다.

한편 섬누룩(粗麴)과 멥쌀, 좁쌀, 옥수수, 수수 같은 곡식으로 술덧을 만들고 이것을 증류하여 만든 증류주가 있다. 증류주는 일반적인 곡주를 전통적인 고리(구리나 오지로 만든 소주를 고는 그릇)로 증류한, 일종의 소주(燒酒)인데 알코올 도수가 매우 높다. 문배주는 증류주, 면천 두견주는 약용주, 그리고 경주 교동 법주는 곡주에 속한다.

문배주

지정번호 제86-가호
지정일자 1986년 11월 1일
현보유자 이기춘(李基春, 1942년생)

문배주는 서북 지방에 전래되어 온 증류주로 향기가 문배나무 열매와 비슷해 붙여진 이름이다. 그러나 술을 빚을 때 실제 문배나무 열매가 들어가는 것은 아니다.

문배주를 빚기 위해서는 양조 용수와 밀, 좁쌀, 수수 등이 필요하다. 해방 전 평양에서는 문배주를 담글 때 대동강 유역 석회암층에서 솟아나는 지하수를 사용하였다고 하며 남쪽으로 내려온 뒤에는 단양 지방의 석회암층 물을 이용하였다고 한다.

양조에 꼭 필요한 누룩은 밀로 만든다. 밀 두 말에 물 다섯 되를 붓고 다섯 시간 정도 갈아 직경 20센티미터, 두께 5센티미터의 원반 형태를 만든다. 이것을 포대기에 싸서 섭씨 25도의 실내에서 열흘 동안 발효시킨다.

황색 곰팡이가 번식하면 절구로 빻아 물 세 말을 붓고 독에 넣어 물누룩을 만들어 둔다. 밑술은 좁쌀로 만들고 곡자(누룩)는 밀누룩을 쓴다. 좁쌀 한 말 다섯 되를 시루에 쪄서 섭씨 25도 정노까지 식힌 뒤 불누룩을 넣어 섞어 준다. 이렇게 밑술을 만든 지 닷새 뒤에 수수 한 말 두 되 다섯 홉으로 수수밥을 지어 식힌 다음 밑술을 첨가하여 술덧을 만든다. 다시 하루가 지난 다음 같은 방법으로 같은 양의 수수를 술덧에 첨가한다.

만약 백국(흰 국화)을 사용한 경우라면 같은 방법으로 제조해 닷새

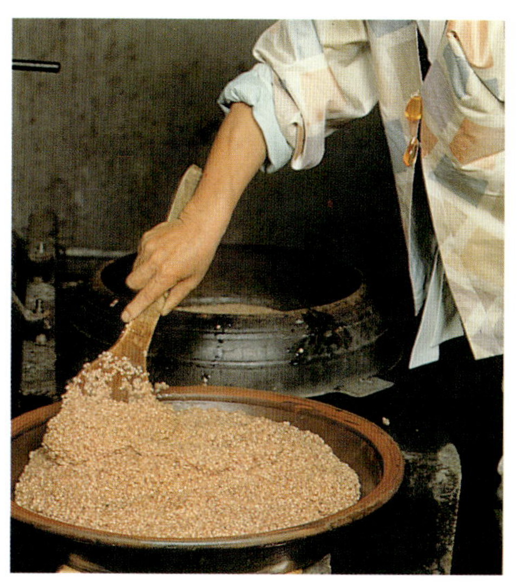

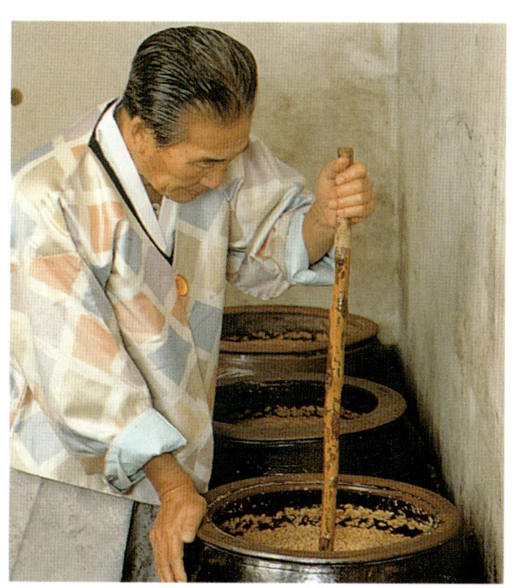

문배주의 누룩은 밀로 만든다. 밀 두 말과 물 다섯 되를 다섯 시간 정도 분쇄한다.

물누룩을 만들 때는 원반형으로 만들어진 누룩을 열흘 동안 발효시킨 다음 물 세 말을 첨가하여 독에 넣어 둔다.

가 지났을 때 수수 한 말 다섯 되를 사용하여 술덧담금을 한다. 섭씨 25도의 실내에서 두 차례의 술덧담금을 하여 발효 숙성시킨다. 약 열흘 뒤에 증류하면 약 열 말의 술덧에서 세 말 또는 세 말 반의 문배주를 생산하게 된다.

문배주는 엷은 황갈색을 띠고 향이 진하며 약 40도 정도의 알코올 도수를 지닌다. 증류와 숙성이 끝난 문배주는 48.1도에 달하므로 장기간 저장이 가능하다. 그래도 6개월~일년 동안 숙성시키고 숙성이 끝난 문배주는 유리병 또는 밀폐한 독 등에 저장한다.

문배주 주조 기능은 작고한 이경찬(李景燦, 1915~1986년)에게서 전수받은 기능 보유자 이기춘(李基春, 1942년생)에 의해 그 명맥이 이어지고 있다.

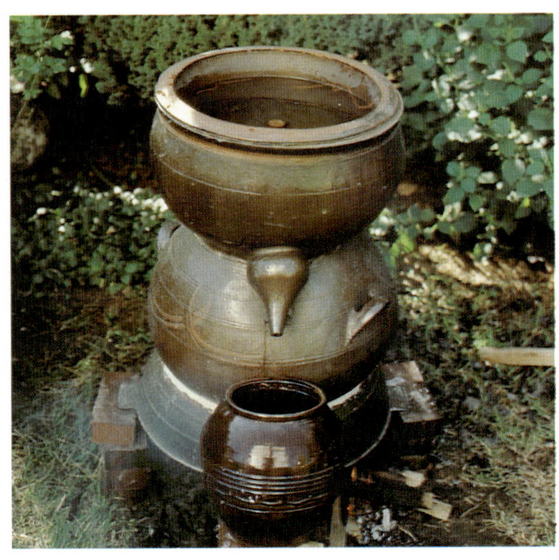

문배주는 섭씨 25도에서 두 차례의 술덧담금을 하여 발효 숙성시킨
다. 그리고 약 열흘이 지난 다음 증류한다.

문배주를 처음 빚은 사람이 누구인지는 확실치 않으며 근래에 와서
는 이기춘의 고조모인 박씨 할머니로부터 전승되었다고 한다. 따라서
고조모―조부 이병일―부 이경찬으로 이어져 현재는 이기춘―아들
이승용(李丞鏞, 1975년생)이 계승하고 있다.

작고한 이경찬은 평양에서 9대를 살면서 평양 평천 양조장을 경영
하였다. 그뒤 이기춘이 양조장을 상속받아 운영하면서 해방 뒤인 1948
년에는 연 생산량 3만 석으로 발전시켰다. 1951년 1·4후퇴 때 남하하
여 1955년 양곡 관리법에 의한 곡주 생산 금지 조치 때까지 양조업에
종사하였다고 한다.

현재는 경기도 김포군 김포읍 장기리의 양조장에서 문배주를 주조
하고 있다.

면천 두견주(沔川杜鵑酒)

지정번호 제86-나호
지정일자 1986년 11월 1일
현보유자 박승규(朴昇逵, 1937년생)

두견주는 고려 때 전래된 술로 예로부터 '백약지장(百藥之長)'이라 일컬어 왔다. 그 기록은 『규합총서(閨閤叢書)』, 『산림경제(山林經濟)』, 『임원경제지(林園經濟志)』, 『동국세시기(東國歲時記)』, 『경도잡지(京都雜志)』, 『부인필지』 등의 고문헌에 잘 나타나 있다. 김윤식의 『운양집(雲養集)』을 보면 면천 사람이 두견주를 처음으로 빚었다는 이야기가 나온다.

이 두견주에는 고려 태조의 개국 공신인 복지겸에 얽힌 전설이 내려오고 있다. 복지겸이 병으로 앓아 눕게 되었으나 백약이 무효하였다고 한다. 그러자 복지겸의 딸이 산에 올라 백일 기도를 올렸다. 이에 신선이 나타나 아미산에 흐드러지게 핀 진달래꽃과 찹쌀로 술을 빚되 반드시 안샘물(지금 면천 초등학교 뒤)로 빚어 100일이 지난 다음 이를 마시라고 했다. 그리고 뜰에 두 그루의 은행나무를 심어 정성을 드리면 효험이 있을 것이라 하여 그대로 하니 병이 씻은 듯이 나았다고 한다. 지금도 은행나무와 안샘은 남아 있으며 두견주의 양조 용수로 안샘물을 사용한다고 한다.

두견주는 정월 첫 해일(亥日)인 상해일에서 3월 진달래꽃이 활짝 필 때까지 밑술을 만들고 찰밥, 메밥, 진달래꽃으로 2차 담금을 한 다음 2, 3주 동안 발효·숙성시켜 만드는 매우 정성이 깃든 술이다.

진달래꽃은 한 해 전에 따서 꽃술을 없애고 꽃잎만 모아 그늘에 말

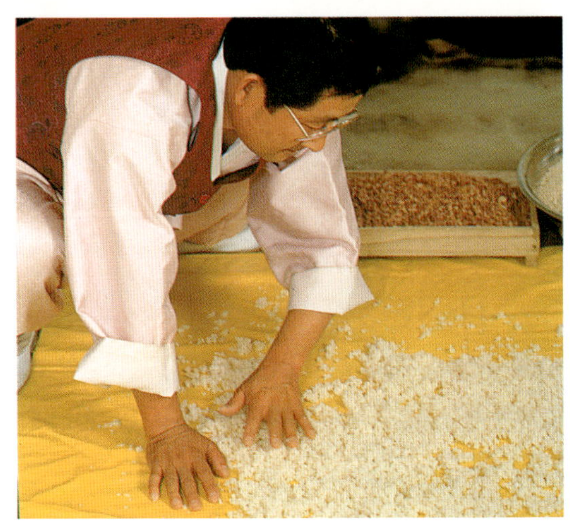

덧술의 재료인 고두밥은 골고루 펴서 말린다.

려 저장하였다가 사용한다. 찹쌀을 빻아 찐 다음 적당한 온도에서 누룩과 혼합해 밑술을 담근다. 일주일이 지나면 덧술과 밑술을 섞어 섭씨 25도에서 약 50일 동안 발효시킨다. 그뒤 술을 떠서 약 20~30일 동안 저장해 가라앉힌 다음 먹는다.

누룩은 물에 잠시 불렸다 거칠게 빻은 전밀 두 말에 따뜻한 물을 부어 고루 비벼 놓은 뒤 보자기를 깐 양푼에 넣고 밟아 원반형을 만든다. 깔아 놓은 짚 위에 누룩을 펴 놓고 섭씨 45도에서 15일 동안 또는 섭씨 30~35도에서 7일 동안 띄운다. 그리고 섭씨 25~30도에서 14일 동안 저장한 다음 섭씨 20도의 상온에시 1, 2개월 동안 숙성시킨다. 누룩을 제조하는 최상의 자연 조건은 7, 8월이지만 습도 조절만 가능하다면 시기와 무관하다

밑술은 찹쌀 두 되를 깨끗이 씻어 하룻밤 물에 담근 뒤 시루에 넣고 물을 뿌려 가면서 밥을 지어 섭씨 30도 정도로 차게 식힌다. 여기에 누룩가루 두 되와 탕수 한 되를 넣고 잘 섞어 항아리에 담으면 밑술이 완

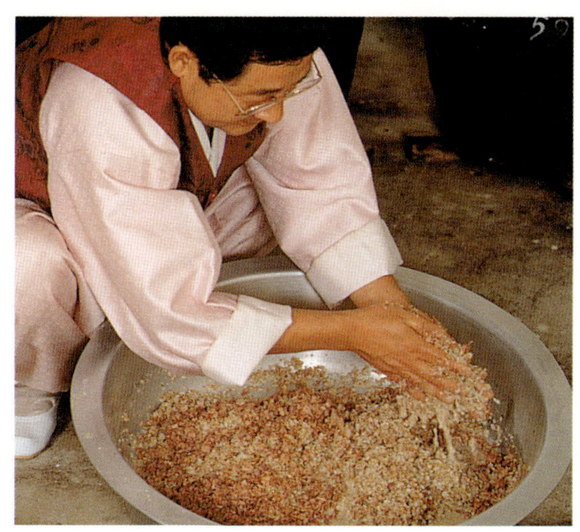

누룩가루와 찹쌀은 잘 섞는다.

성된다. 이것을 실온에서 7일 동안 발효시켜 술의 내부 온도가 섭씨 40도 정도 되면 균이 최고로 성장하면서 부글부글 올라온다. 이때 덧술을 넣는다.

찹쌀 한 말을 깨끗이 씻은 뒤 물에 담가 불렸다가 다시 씻어 찐다. 덩어리가 생기지 않도록 주걱으로 저어 가며 체온 정도의 온도로 식힌다. 밑술에다 누룩 두 되와 찐 쌀을 넣고 잘 섞어 항아리에 넣는다. 이때 진달래 한 되 세 홉을 켜켜이 넣고 덮어 발효시킨다.

5, 6일이 지난 다음 술이 올라오면 베보자기를 덮어 두고 며칠 뒤 고여 오른 술이 독 안 가장자리에 금이 나기 시작하면 열이 낮아져 간다. 간간이 술독에 촛불을 넣어 보아 불이 꺼지지 않으면 밀봉하여 덮어 버린다.

3개월 정도 숙성시킨 다음 단번에 주머니에 넣어 압착한다. 이렇게 얻은 술은 며칠 동안 정치(定置, 일정한 곳에 놓아 둠)하여 다시 여과, 침전시켜 청주를 얻는다.

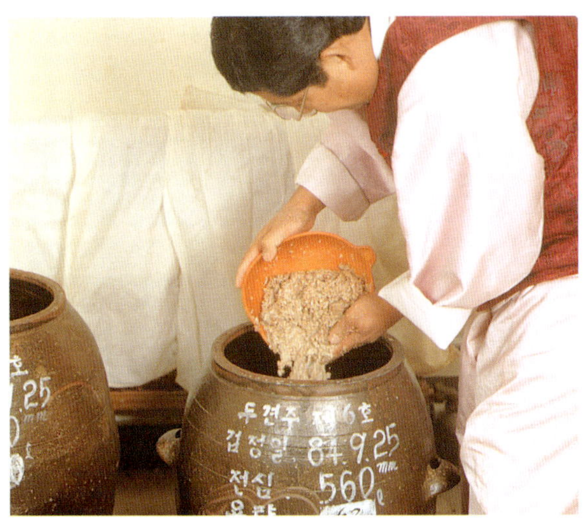
누룩가루와 찹쌀을 잘 섞어 항아리에 담는다.

두견주 주조 기능은 두견주 담그기 장인으로 인정된 박승규(朴昇遠, 1937년생)의 증조모－조부 박성홍－부친 박천성－박승규－부인 이명자－아들 박종신으로 전승되고 있으며 충남 당진군 면천면 성상리 안샘 근방에서 빚고 있다. 현재 제조장과 안샘과의 거리는 약 50미터로 양조 용수 및 진달래꽃의 공급이 용이한 편이다. 1920년부터 현대식 양조업을 시작한 것으로 추측되며 1963년 정부의 양곡 정책에 의해 주조 원료로서 곡류의 사용이 금지되기 선까지 누견주를 양조하였다고 한다.

면천 두견주는 일반 약주보다 짙은 담황갈색이고 약간 단맛이 나며 점성이 있다. 신맛과 누룩냄새가 거의 없고 진달래 향기가 일품이다. 진달래꽃을 채취하는 데 계절적인 제한이 따르고 찹쌀을 원료로 하기 때문에 고급 약주에 속한다. 주도를 21도 정도로 만들었으므로 수분

이 들어가지 않게 완전히 밀폐한다면 섭씨 18~20도의 온도에서 일년 동안 저장이 가능하다.

두견주는 약재 위주로 빚어진 치료용 약용주라기보다는 건강에 활력을 주는 상용(賞用, 어떤 물품이 마음에 들어 즐겨 사용함)의 향양주(香釀酒)이면서 단독 또는 약재의 효과를 상승시키기 위한 약용주도 겸하는 술이다. 그래서 혈액 순환을 촉진하고 피로 회복에도 효과가 있으며 특히 콜레스테롤을 낮추어 주어 성인병 예방에도 효과가 크다. 진해, 신경통, 부인 냉증, 요통, 진통, 해열, 류머티즘에 효과가 있으며 약으로 복용할 때에는 식사 전이나 후 또는 취침 전 소주잔으로 한두 잔 정도 마신다.

경주 교동 법주(慶州校洞法酒)

지정번호 제86-다호
지정일자 1986년 11월 1일
현보유자 배영신(裵永信, 1917년생)

경주 교동 법주는 영남 일대에서 첫손가락에 꼽히는 대지주였던 최 부잣집에서 누대에 걸쳐 빚어 온 비주(秘酒)이다.

경주 교동 법주를 처음 만든 사람은 최국준(崔國璿)으로, 조선 숙종 때 궁중 음식을 관장하는 사옹원(司饗院)의 참봉을 지냈다고 한다. 사옹원 참봉은 임금의 수라상을 관리하는 실무 책임자로 미관말직이라 하더라도 아무나 할 수 없는 중요한 직책이었다. 최국준은 벼슬을 마친 뒤 낙향하여 법주를 빚었다고 하는데 이로 미루어 짐작컨대 교동

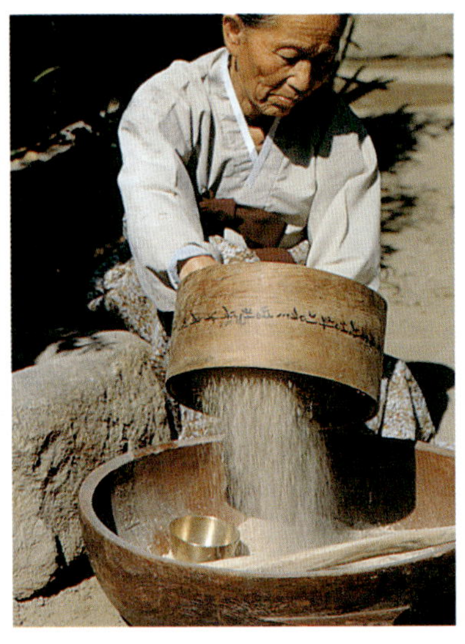

잘 마른 누룩을 곱게 빻아 체에 내린다.

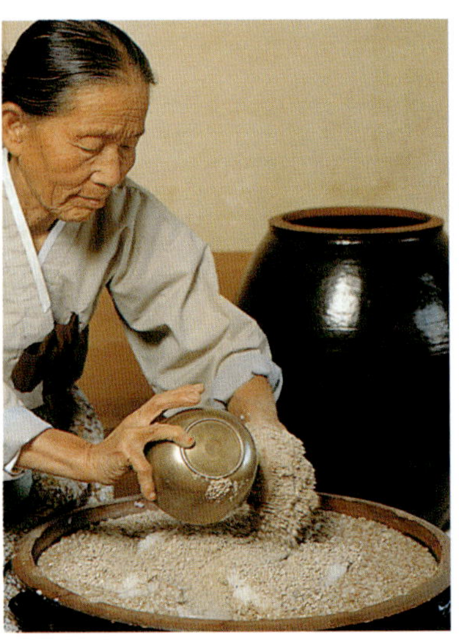

누룩가루, 찹쌀 고두밥, 물을 섞어 밑술을 만든다.

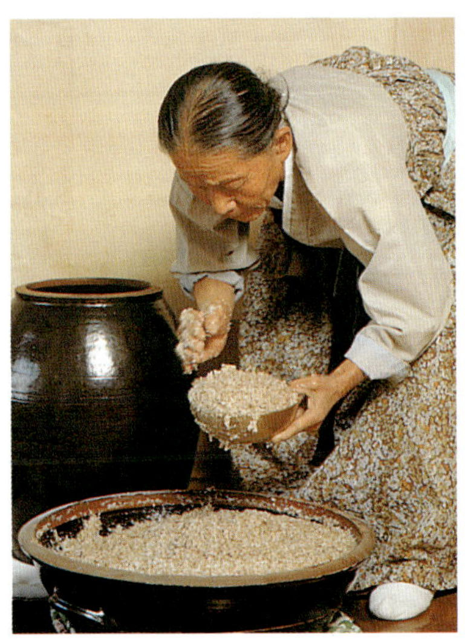

밑술을 항아리에 담는다.

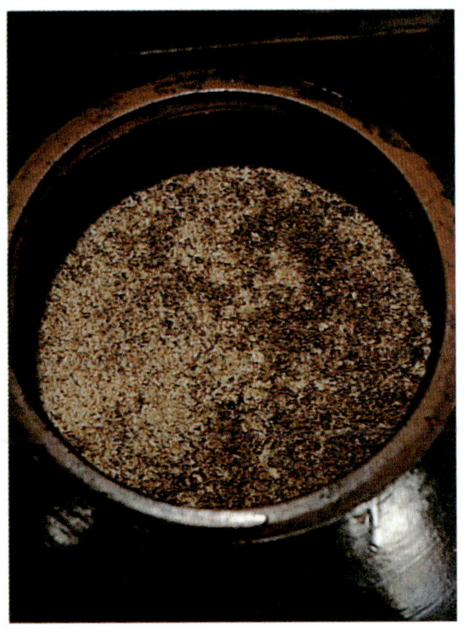

발효 과정을 거쳐 잘 익은 술

법주가 궁중에서부터 유래한 술임을 추정할 수 있다.

현재의 기능 보유자인 배영신(裵永信, 1917년생)은 최국준의 8대손과 혼인하여 약 40여 년이 넘는 세월을 봉제사(奉祭祀), 접빈객(接賓客)을 위하여 법주를 빚어 왔으니 그 솜씨는 두말할 나위가 없을 것이다. 요즈음에는 9월부터 이듬해 4월까지 교동 법주를 빚고 있다.

교동 법주는 물과 밀(누룩), 쌀(찹쌀, 멥쌀)로만 빚어지는 순수한 곡주이다. 이러한 좋은 술을 빚는 데는 예로부터 좋은 물과 양질의 누룩이 있어야 한다고 하였다.

교동 법주는 경주시 교동에 있는 배영신 집안 마당의 우물물을 사용해 빚는다. 이 우물은 자연석의 재래식 우물로 일년 내내 일정한 수량과 수온을 유지하며 물맛이 좋기로 정평이 나 있다. 술을 담글 때는 이 물을 한 번 끓인 다음 식혀서 사용한다.

교동 법주의 누룩은 통밀을 맷돌로 곱게 갈아서 체로 친 밀가루와 밀기울을 혼합하여 원료로 만든다. 먼저 멥쌀로 흰죽을 묽게 쑤어서 여기에 밀가루와 밀기울을 반죽한다. 누룩은 직경 35센티미터, 두께 10센티미터 정도의 원형판 모양으로 만든다. 이렇게 만들어진 누룩은 보리짚이나 밀짚을 한 켜 놓고는 그 위에 누룩을 얹은 다음 다시 약쑥을 덮어 따뜻한 곳에 둔다.

누룩을 잘 띄우기 위해서는 적정한 온도가 필요한데, 시기적으로는 추수 직후가 가장 좋으며 실내 온도는 섭씨 30~35도 정도가 적당하다고 한다. 띄우기가 완전히 끝난 누룩을 직사광선에 내놓고 앞뒤로 잘 말리는데 일단 마른 뒤에는 밤이슬을 맞추어 습기를 머금게 하고 다시 내다 말린다. 실제 법주를 빚을 때는 잘 마른 누룩을 빻아 곱게 체로 친 가루누룩을 사용한다고 한다.

교동 법주 제조 방법의 가장 큰 특징은 밑술을 먼저 빚은 다음 이를 바탕으로 제2차 발효 과정을 거쳐서 원래의 술을 숙성시키는 것이다. 밑술은 농축 발효원액이라고 생각하면 된다. 이 밑술을 빚는 데 10일, 본술을 빚는 데 60일, 총 70일이 필요하며 술이 완성되면 최소한 30일 정도 숙성시켜야 제맛이 난다고 한다. 따라서 제조하는 데 약 100일 정도의 기간이 소요된다.

이렇게 제조된 술은 보관 온도에만 주의하면 일년 이상도 보관이 가능하다. 알코올 도수는 누룩의 함량에 따라 차이가 나는데 보통의 법주는 알코올 함량이 16~18퍼센트 정도 되는 것으로 측정된다. 영양 성분은 교동 법주 100그램당 알코올 16~18그램, 당분 4~6그램, 단백질 0.5~0.7그램, 열량 127~132킬로그램 칼로리 정도로 분석되었으며 이 밖에 다른 특수한 성분이나 약용 성분은 발견되지 않았다.

현재는 기능 보유자인 배영신의 장남 최경(崔梗)과 며느리 서정애(徐貞愛)가 기능 전수에 전념하고 있다.

무예

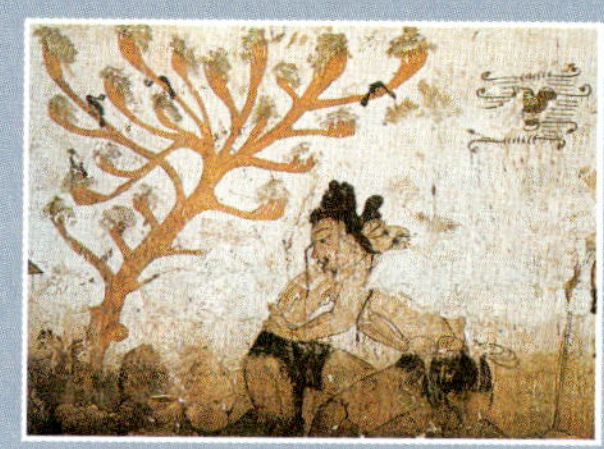

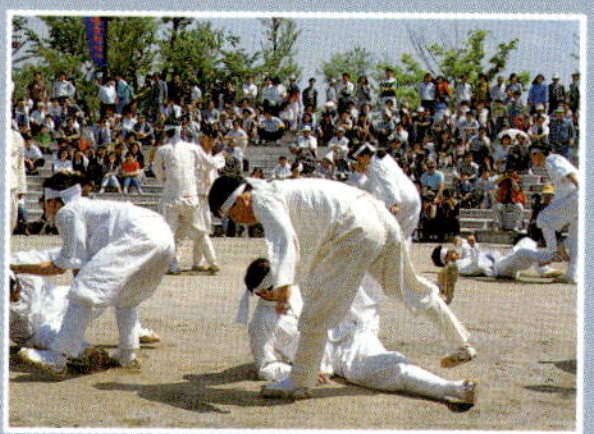

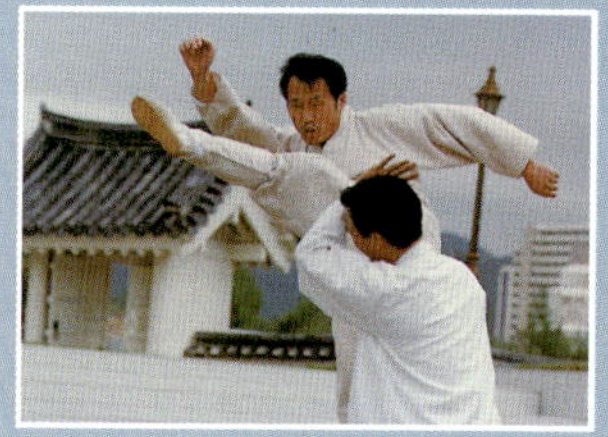

택견은 마치 춤추듯이 손을 허휘적 움직이고
발을 많이 움직여 민첩한 동작을 보이는 것이 특징이다.
공격보다는 수비를 중히 여기는 호신 무술이며
정신 수양을 소중히 여기는 무예란 점에서 더 높이 평가된다.

택견

지정번호 제76호
지정일자 1983년 6월 1일
현보유자 정경화(鄭景和, 1954년생)

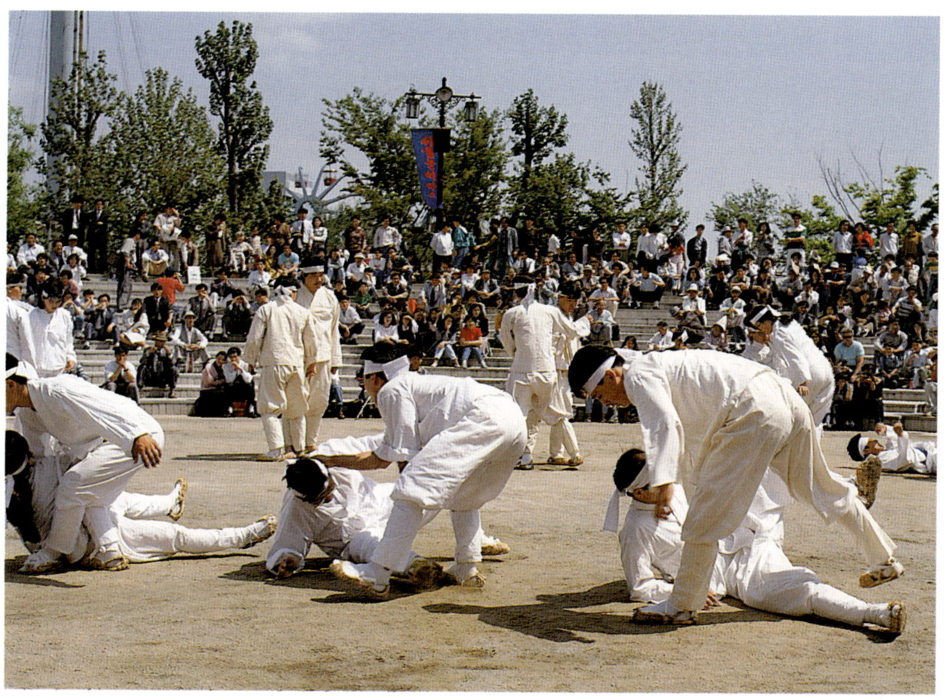

우리 민족의 얼이 살아 있는 택견은 중요무형문화재의 유일한 무예 종목이다.

택견의 유래에 대한 문헌적 기록은 없다. 다만 단재(丹齋) 신채호(申采浩)의 『조선상고사(朝鮮上古史)』를 보면 "혹 칼로 춤추며 혹 활도 쓰며 혹 깨금질도 하며 혹 택견도 하며 혹 강물을 끼고 물 속에 들어가 물싸움도 하며 혹 가무를 연(演)하여 그 미오(美惡)를 보며 혹 대수렵을 행하여 그 재획(財獲)의 다과로 보아 여러 가지의 내기에 승리하는 자를 선비라 칭하고……"라는 글이 나오는데, 이를 통해 전성시대의 무사들이 연마하던 무예의 종목과 삼국시대부터 택견이 행해졌음을 추측해 볼 수 있다.

이 밖에 택견이 삼국시대부터 유래하였음을 보여 주는 예로는 고구려 각저총의 벽화에 남아 있는 수박의 대련 자세, 신라 왕장(王匠)의 정력으로 이루어진 석굴암의 금강역사 조상(彫像) 등을 통해 신라의 화랑이나 고구려의 무사, 선비들이 평소에 산하발섭(山河跋涉)을 즐기며 몸을 단련하였음을 추측해 볼 수 있다.

이렇듯 무사의 훈련으로 택견을 장려하던 삼국시대를 거쳐 고려시대에 이르면 수박(手拍) 또는 권법이라 하는 '유술(柔術)'이 유행하였다는 기록이 『조선무사영웅전(朝鮮武士英雄傳)』「무예고(武藝考)」에 전한다. 이 기록에 의하면 "왕이 상춘정(賞春亭) 또는 마암(馬岩) 등지에 항상 거동하며 수박희(手拍戲)를 전문으로 개설하였다. …… 이 기술로써 군인의 상예(常藝)로 시행하였다"고 하며 정중부(鄭仲夫), 이의민(李義旼), 두경승(杜景升) 같은 무신들이 모두 이 기술의 우수한 선수였다고 언급하였다.

또한 매년 5월에는 연중 행사로 대시합을 거행하였다고 한다. 그 기술은 신법(身法), 수법(手法), 각법(脚法) 등이며 이 밖에 비등(飛騰), 전기(顚起), 도삽(倒揷), 발비(拔臂), 횡권(橫拳), 법제(法提) 등의 변

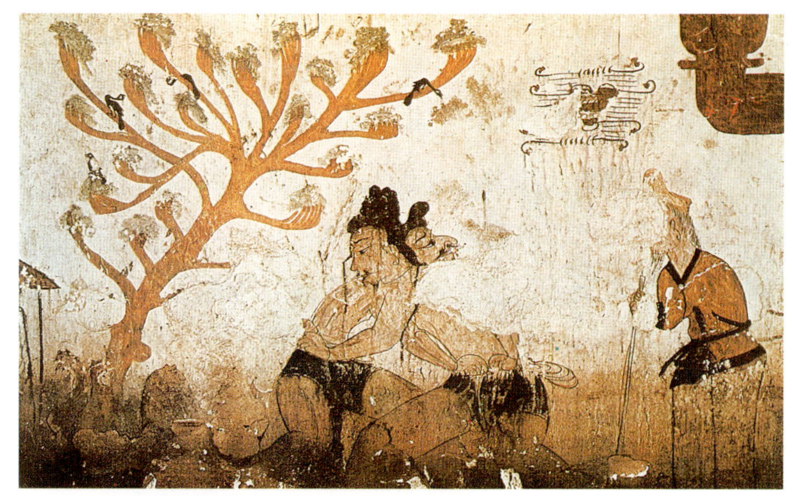

고구려 각저총의 벽화는 택견이 삼국
시대부터 유래되었음을 보여 준다.

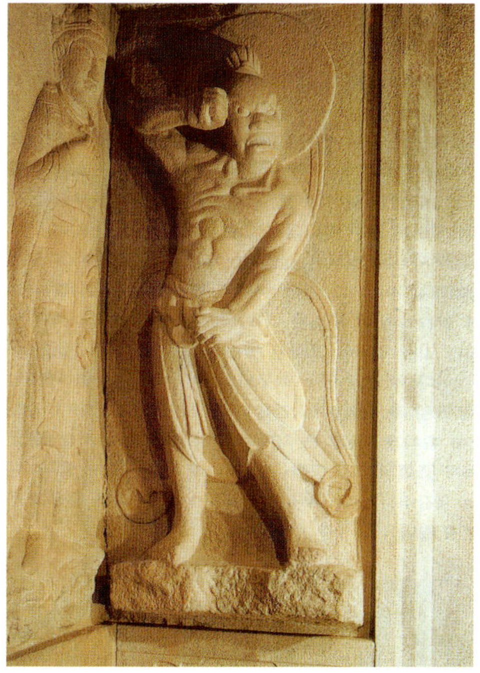

석굴암의 금강역사상. 두 팔로 얼굴
과 아래를 동시에 막는 자세가 힘이
넘치는 모습이다.

화무쌍한 25법이 있었다고 한다.

그러나 우리 민족의 얼이 깃들어 있는 택견과 수박기(手搏技)는 조선시대에 들어서면서 상문경무(尙文輕武)의 사상과 일제 때 총독 정치의 탄압으로 발전할 기회를 빼앗겼다. 그런 와중에 택견 전 보유자인 송덕기(宋德其, 1893~1987년)와 몇몇 택견인들에 의해 명맥이 유지될 수 있었다.

송덕기는 열여덟 살 때부터 사직골 뒷산 잔디밭에서 당시 스물아홉 살이었던 임호(林虎)라는 이에게서 택견을 배웠다. 그때만 해도 서울의 사직골, 무와관, 유각골, 옥동, 삼청동, 애오개 등지에 택견꾼들이 있어 뒷산 잔디밭이나 개천 시장에서 열심히들 배웠다고 한다.

택견은 일년 내내 하는 것이 아니라 단오 무렵에만 이웃 마을과 수를 겨루며 노는 것이 그때의 풍습이었다고 한다. 옷은 특별한 것이 없고, 고의 적삼에 솜버선을 신고 버선발로 하였다고 한다. 처음에는 사람을 상대로 하는 것이 아니라 나뭇가지에 사람 모양을 한 짚인형을 샌드백처럼 매달아 놓고 아랫도리는 마대 같은 것으로 동여서 발질을 익혔다고 한다.

송씨에 의하면 택견에는 스무 종류의 수가 있다고 한다. 그러나 이 수도 좌우로 나누어서 20개 종이니 왼쪽과 오른쪽을 가리지 않으면 반수가 되는데 그 열한 가지 기본수는 다음과 같다.

먼저 깎음대리는 발장심으로 상대방의 무릎을 차는 수인데 차이면 정강이살이 벗겨질 수도 있다. 발등으로 상대방의 발뒤축을 안에서 잡아 끌어 벌렁 나자빠지게 하는 안짱걸이와 발바닥으로 안쪽 복사뼈를 쳐서 옆으로 들뜨며 넘어지게 하는 안우걸이가 있다. 그리고 발등으로 상대방 발 뒤축을 밖에서 잡아 끌면 뒤로 훌렁 넘어지게 하는 낚시걸

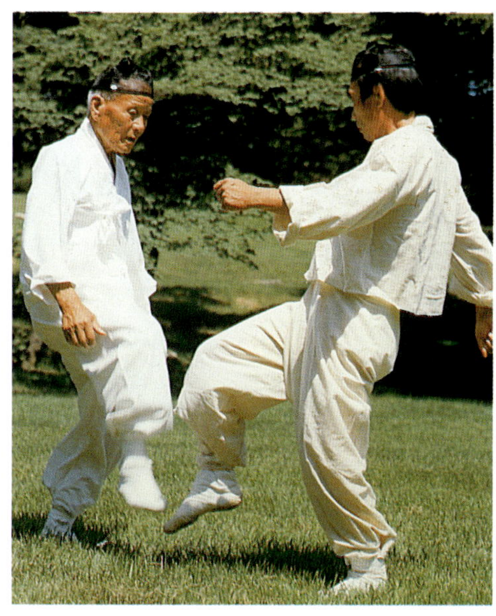

혼자서 기본 자세를 익
힌 뒤 대련에 들어간다.

이와 발장심으로 명치를 차는 명치기가 있는데 명치기는 벌렁 넘어지
면서 피를 토하고 죽을 수도 있는 위험한 수이다.

또한 발장심으로 옆구리를 차는 곁치기와 발바닥으로 따귀를 때리
는 발따귀가 있다. 상대방이 차려고 들면 발바닥으로 발등을 막는 발
등걸이와 상대방이 쳐서 들어오면 손으로 그 발뒤축을 잡고 다른 한
손으로는 옷을 맞붙잡아 뒤로 넘어지면서 발로 늦은배(하복부)를 괴
고 받아 넘기는 무르팍치기가 있다. 발등걸이와 무르팍치기는 다 같이
수세(守勢)에 있을 때 쓰는 수다. 발장심으로 가슴을 치는 내복장갈기
기와 엄지와 검지를 벌려 상대방의 목을 쳐서 넘기는 칼재비가 있는
데, 칼재비는 택견에서 유일하게 손만을 쓰는 수이다.

송덕기에 의해 명맥만 유지되던 택견은 1945년 국군이 창설되면서

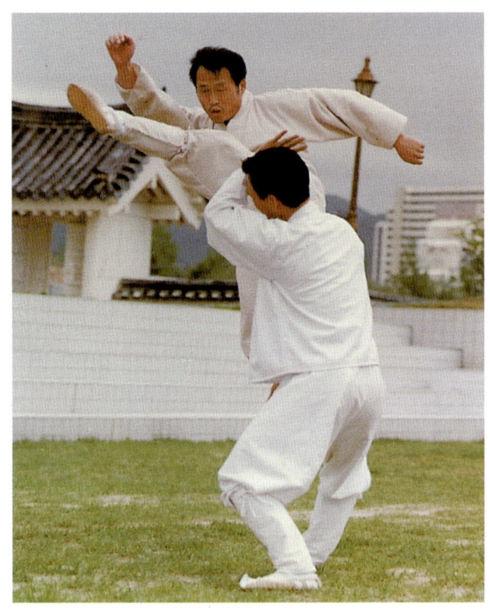

택견 기능 보유자 정경화

강군 육성의 일환으로 민족 무술을 보급시키기로 결심한 최홍희 장군
에 의해 1946년 봄부터 군에 도입되었다. 1953년에는 폭넓은 기술의
연구와 이론의 체계를 완성하여 현대적이고 과학적인 무도로서의 발
전을 기하게 되었다. 최장군은 당시 '당수', '공수' 또는 '권법' 등 가
지각색으로 불리던 무도의 이름을 조정 귀일시키기 위해 전문가와 저
명 인사들로 심의위원회를 구성하고 검토한 다음 '태권도'란 이름을
제정하고 1955년 4월 11일 이를 중외에 선포하여 대한민국의 전통 무
도임을 입증하였다.

　최홍희 장군과 몇몇 택견인들의 노력으로 택견은 1983년 중요무형
문화재 제76호로 인정받았다. 현재는 1995년 무형문화재 보유자로 지
정된 정경화(鄭景和, 1954년생)에 의해 명맥을 유지해 오고 있다.

부 록

의식 지정 보유자 현황

지정 번호	지정 명칭	지정 일자	보유자	성별	생년월일	인정일	보유 종별	비교
9	은산 별신제	1966. 2. 15	차진용	남	1915. 6. 8	1987. 1. 5	대장	
			박창규	남	1932. 9. 15	1998. 6. 5	화주	
			황남희	여	1937. 3. 12	1998. 6. 5	무녀	
13	강릉 단오제	1967. 1. 16						
50	영산재	1973. 11. 5	장태남	남	1909. 3. 9	1973. 11. 5	범패	
			박희덕	남	1915. 11. 20	1973. 11. 5	범패	
			이재호	남	1920. 5. 23	1987. 11. 11	작법무	
56	종묘 제례	1975. 5. 3	이은표	남	1914. 7. 6	1988. 4. 1	사제	
70	양주 소놀이굿	1980. 11. 17	김인기	남	1914. 11. 5	1980. 11. 17	원마부	
			고희정	남	1921. 6. 13	1980. 11. 17	악사	
71	제주 칠머리당굿	1980. 11. 17	김윤수	남	1946. 7. 9	1995. 6. 1	무가	
72	진도 씻김굿	1980. 11. 17	박병천	남	1933. 11. 18	1980. 11. 17	무가	
			채계만	남	1915. 5. 16	1980. 11. 17	아쟁	
			김대례	여	1935. 4. 21	1980. 11. 17	무가	
82—가	동해안 별신굿	1985. 2. 1	김석출	남	1922. 2. 28	1985. 2. 1	악사	
			김유선	여	1935. 3. 16	1985. 4. 1	무녀	
82—나	서해안 배연신굿	1985. 2. 1	최음전	여	1915. 2. 28	1985. 2. 1	악사	
	및 대동굿		김금화	여	1931. 8. 18	1985. 2. 1	무녀	
			안승삼	남	1909. 2. 7	1987. 7. 1	배치기 노래, 장식	
82—다	위도 띠뱃놀이	1985. 2. 1	김상원	남	1933. 7. 1	1995. 11. 1	장구	
82—라	남해안 별신굿	1985. 2. 1	정영만	남	1956. 9. 9	1996. 5. 1	악사	
85	석전대제	1986. 11. 1	권오흥	남	1936. 11. 22	1996. 9. 10	집례	
90	황해도	1988. 8. 1	이선비	여	1934. 1. 30	1992. 7. 1	마부,	
	평산 소놀음굿						그네 작두타기	
98	경기도 도당굿	1990. 10. 10	오수복	여	1924. 9. 23	1990. 10. 10	무녀	
104	서울 새남굿	1996. 5. 1	김유감	여	1924. 11. 10	1996. 5. 1	무녀	

음식 지정 보유자 현황

지정 번호	지정 명칭	지정 일자	보유자	성별	생년월일	인정일	보유 종별	비교
38	조선왕조 궁중 음식	1970. 12. 30	황혜성	여	1920. 7. 5	1973. 11. 11	궁중 요리	
86—가	문배주	1986. 11. 1	이기춘	남	1942. 5. 2	1995. 6. 1	문배주 주조	
86—나	면천 두견주	1986. 11. 1	박승규	남	1937. 6. 26	1986. 11. 1	면천 두견주 주조	
86—다	경주 교동 법주	1986. 11. 1	배영신	여	1917. 9. 22	1986. 11. 1	경주 교동 법주 주조	

무예 지정 보유자 현황

지정 번호	지정 명칭	지정 일자	보유자	성별	생년월일	인정일	보유 종별	비교
76	택견	1983. 6. 1	정경화	남	1954. 5. 13	1995. 6. 1	택견	

참고 문헌

『경국대전(經國大典)』

『경도잡지(京都雜志)』

『국조오례의(國朝五禮儀)』

『규합총서(閨閤叢書)』

『동국세시기(東國歲時記)』

『봉원사요집(奉元寺要集)』

『산림경제(山林經濟)』

『삼국사기(三國史記)』

『석문의범(釋門儀範)』

『세종실록(世宗實錄)』

『시용무보(時用舞譜)』

『신증동국여지승람(新增東國輿地勝覽)』

『악학궤범(樂學軌範)』

『운양집(雲養集)』

『일본서기(日本書紀)』

『임원경제지(林園經濟志)』

『작법귀감(作法龜鑑)』

『조선무사영웅전(朝鮮武士英雄傳)』

『조선불교통사(朝鮮佛教通史)』

『조선상고사(朝鮮上古史)』

『조선왕조실록(朝鮮王朝實錄)』

『진연의궤(進宴儀軌)』

『진작의궤(進爵儀軌)』

『한국민족문화대백과사전』 한국정신문화연구원.

『한국불교의례자료총서(韓國佛敎儀禮資料叢書)』

『중요무형문화재해설(重要無形文化財解說)』「놀이와 의식편」 문화부 문화
재관리국, 1985.

『중요무형문화재해설(重要無形文化財解說)』「무용 · 무예 · 음식편(舞踊 ·
武藝 · 飮食篇)」 문화부 문화재관리국, 1990.

『중요무형문화재해설(重要無形文化財解說)』「보유편(補遺篇)」 문화부 문
화재관리국, 1990.

『문화재대관(文化財大觀)』 문화체육부 문화재관리국, 1996.

『한국의 전통 예술』 한국문화재보호재단, 1997.

『무형문화재 지정 조사 보고서』 문화재관리국.

중요무형문화재 각권 차례 보기

중요무형문화재 1 음악과 무용

중요무형문화재 지정 종목 1호인 종묘 제례악을 비롯하여 판소리, 농악, 대금 산조, 경기 민요 등 17종의 음악과 진주 검무, 승무, 처용무 등 7종의 무용을 함께 묶었다. 한국 음악과 무용의 기원은 물론 각 종목별 특성과 내용, 전수 현황 등을 상세하게 소개하고 있다. 이 책을 통해서 우리는 한국의 음악과 무용은 노동, 굿, 놀이, 연극을 하나로 이어 주는 연결 고리였음을 깨닫게 될 것이다. 또한 한의 정서를 소리와 춤으로 풀어내려 했던 우리 선조의 삶을 한층 깊게 들여다보는 계기가 될 것이다.

음악 17종

종묘 제례악	가야금 산조 및 병창	남도 들노래
판소리	서도 소리	경기 민요
농악	가곡	향제 줄풍류
거문고 산조	가사	농요
선소리 산타령	대금 산조	제주 민요
대금 정악	피리 정악 및 대취타	

무용 7종

진주 검무	처용무	살풀이춤
승전무	학연화대합설무	
승무	태평무	

중요무형문화재 2 연극과 놀이

인형극과 가면극이 주를 이루는 한국의 연극과 탈놀이를 다루었다. 연극과 놀이에 대한 이해를 돕고자 연극과 탈놀이의 기원 및 특성을 먼저 설명하고 양주 별산대놀이, 통영 오광대, 고성 오광대, 북청 사자놀음, 동래 야류, 하회 별신굿 탈놀이 등 14종의 연극과 남사당놀이, 강강술래, 안동 차전놀이 등 11종의 놀이를 소개하였다. 각 놀이의 특성과 연희 시기, 탈의 종류와 같은 연희 내용을 탈춤의 순서에 따라 사진과 함께 실어 책을 읽는 동안 흥겨운 탈판이 저절로 연상 된다.

연극 14종

양주 별산대놀이	동래 야류	하회 별신굿 탈놀이
통영 오광대	강령 탈춤	가산 오광대
고성 오광대	수영 야류	발탈
북청 사자놀음	송파 산대놀이	진도 다시래기
봉산 탈춤	은율 탈춤	

놀이 11종

남사당놀이	영산 줄다리기	좌수영 어방놀이
강강술래	고싸움놀이	밀양 백중놀이
안동 차전놀이	한장군놀이	기지시 줄다리기
영산 쇠머리대기	줄타기	

중요무형문화재 4 · 5 공예 기술 I · II

민간에서 이루어지던 수공예(手工藝) 가운데 갓일, 한산 모시짜기, 매듭장, 악기장, 유기장, 자수장, 제와장 등 총 39종을 두 권에 나누어 담았다. 각 종목마다 제작 기법 및 전수 현황을 도면이나 사진과 함께 실어 이해를 돕는다. 이 책을 통해서 우리는 오랜 제작 기간과 노력이 수반되는 전통 공예에 대한 이해와 한 가지 일에 몰두하여 작품을 완성해 나가는 공예 기술인들의 장인 정신을 배울 수 있을 것이다.

공예 기술 I 19종

갓일	낙죽장	단청장	백동 연죽장
나전장	곡성의 돌실나이	채상장	망건장
한산 모시짜기	조각장	소목장	탕건장
매듭장	악기장	장도장	대목장
나주의 샛골나이	궁시장	두석장	

공예 기술 II 20종

유기장	침선장	옥장	각자장
입사장	제와장	금속 활자장	누비장
자수장	전통장	배첩장	목조각장
명주짜기	옹기장	완초장	화각장
바디장	소반장	사기장	윤도장